W0365143

ORCHIDÉES

ISABELLE BERT-LECOUFLE

Orchidées

COMMENT LES CULTIVER ET LES FAIRE FLEURIR FACILEMENT

ULMER

Sommaire

INTRODUCTION

« Oser cultiver des orchidées ! ». Ceux qui ont eu un jour cette audace ne vous le diront jamais assez, mais je peux vous l'assurer, ces merveilles de la nature leur offrent de délicieux moments de détente, et sont un superbe thème de collection qui embellit leur vie à chaque instant de la journée.
Les amoureux des orchidées n'ont pas de profil particulier, ils ne sont pas plus doués que d'autres amateurs de plantes, ils ne sont pas plus riches que qui que ce soit, ils ne sont pas non plus des génies de la botanique, mais tous ont un point commun : ils aiment le « Beau », sont sensibles à la beauté de la nature, la respectent, et la comprennent.
J'ai écrit cet ouvrage dans le seul but de vous faire partager ma passion des orchidées, en vous transmettant les bases que l'on ne peut pas ignorer avant d'accueillir ces splendeurs tropicales chez soi. Et, sachant que tous ceux qui sont près de la nature ont du bon sens, je suis certaine que vous vous découvrirez des connaissances innées...

▲ *Oncidium croesus* est une ravissante espèce miniature, aux nombreuses inflorescences courtes et couvertes de fleurs.

Connaître

Connaissez vous beaucoup de végétaux qui sont apparus sur Terre voilà 120 millions d'années, qui ne soient ni disparus, ni oubliés, qui comptent aujourd'hui 30 000 espèces, et qui en compteront certainement 1 000 nouvelles dans quelques années ? Comment ne pas être fasciné par une plante qui, à l'origine, était terrestre, et qui pour survivre dans un environnement qui ne lui convenait plus, s'est transformée pour quitter son état de « terrestre », et atteindre celui d'épiphyte ? On comprend que les orchidées soient souvent placées au sommet du règne végétal. Bien que je n'aime pas trop cette allusion à leur supériorité, parce qu'elle leur confère instantanément une image de fleur inaccessible, et impossible à cultiver si l'on n'est pas un « initié », je la comprends, et ne peux m'empêcher de penser que les orchidées sont des fleurs exceptionnelles, qui exerceront toujours une fascination inexplicable. Une bonne compréhension de la culture est indissociable de la connaissance de la plante et de son mode de fonctionnement.

LA FORME DE LA FLEUR, UNE BELLE TRILOGIE

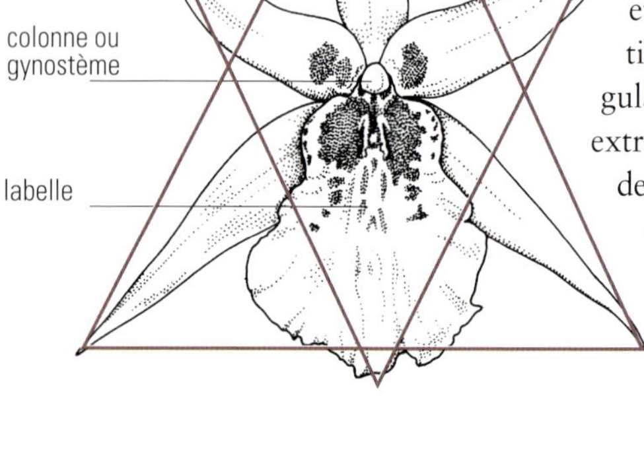

La fleur de l'orchidée est toujours composée de trois pétales, et trois sépales, dont la disposition présente une étonnante singularité : si l'on relie chacune des extrémités des sépales d'une part, et des pétales d'autre part, on obtient deux triangles parfaits, inversés et superposés. Cette architecture géométrique est unique dans le monde végétal.

votre orchidée

▲ Le *Phalaenopsis* est sans aucun doute l'orchidée la plus généreuse qui soit, tant sur le plan de la durée de ses floraisons que sur celui de leur fréquence.

▸ LES SÉPALES

Ils constituent la couronne la plus externe de la fleur ou calice. De taille variable, pouvant l'emporter sur celle des pétales, l'un d'eux, le sépale dorsal, présente souvent une irrégularité de forme plus ou moins remarquable par rapport à celle de ses deux frères, les sépales latéraux.

▸ LES PÉTALES

En avant des sépales, deux pétales latéraux et un pétale central forment la corolle de la fleur. Le pétale central est si différent des deux autres, qu'il est appelé labelle. Ses couleurs, sa forme, sa taille, plus attractives que toute autre division de la fleur, ainsi que son emplacement sous les organes reproducteurs, sont loin d'être un hasard ! Nous allons voir pourquoi.

À QUOI RECONNAÎT-ON UNE ORCHIDÉE ?

Si, bien souvent, on sait instinctivement que l'on est face à une orchidée, on ne sait pas toujours dire en vertu de quoi. Voici comment les taxonomistes déterminent l'appartenance d'une fleur à la famille des *Orchidaceae* : ils recherchent simplement l'existence ou non d'un organe bien précis que l'on appelle le gynostème, ou plus communément la colonne. Point commun aux 30 000 espèces d'orchidées répertoriées, il est la caractéristique qu'aucune autre fleur ne possède. L'observation d'une tulipe montre qu'il est facile de distinguer l'organe femelle (pistil, avec à son extrémité le stigmate) au centre, de l'organe mâle (étamines portant le pollen) placé en périphérie.

Chez l'orchidée, leur existence est plus délicate à mettre en évidence, car à l'exception de l'ovaire, ils sont cachés et réunis en une seule structure tubulaire qui n'est autre que la fameuse colonne. Située au centre de la fleur, dans le prolongement de l'ovaire, surplombant toujours le labelle, l'observation de sa face interne montre une position respective des organes mâle et femelle qui ne laisse aucune place au hasard, et qui est d'une importance primordiale pour que la fécondation par l'insecte pollinisateur puisse s'accomplir. L'explication du parcours de cet acteur dont le rôle est indispensable à la sauvegarde des espèces, à l'intérieur de la fleur, explique parfaitement la disposition des organes sexuels au sein de la colonne.

Fleur de Cymbidium et gros plan du gynostème vu du dessous

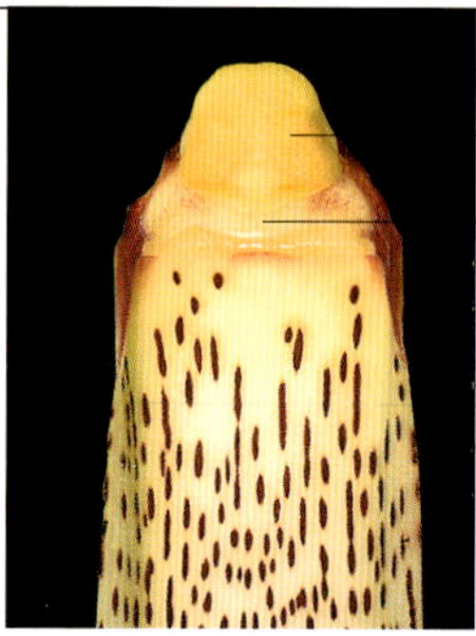

Mettre en évidence qu'il existe, au centre de la fleur, au niveau du point d'attache des deux pétales latéraux, et dans le prolongement de l'ovaire, une partie allongée et dure qui se dirige vers l'avant de celle-ci, et appelée gynostème, ou colonne, c'est être en mesure de certifier que l'on est en présence d'une orchidée.

▲ L'entente parfaite entre une orchidée, l'*Angraecum sesquipedale* et un papillon, le *Xanthopan morgani praedicta.*

Pour cela, prenons l'un des plus beaux exemples que nous ayons, et que nous devons à Darwin, qui fut le premier à oser mettre en avant le rôle de l'insecte chez les orchidées jusque-là considérées comme de pures beautés stériles : L'orchidée s'appelle *Angraecum sesquipedale*, l'insecte, *Xanthopan morgani praedicta*. Elle est blanche et parfumée la nuit, il est un superbe papillon de nuit muni d'une trompe longue d'environ 25 cm. Attiré par la lueur blanche de la fleur, et par la puissance de son parfum, il se pose sur son large labelle et va puiser avec son rostre le nectar contenu dans l'éperon long d'une vingtaine de centimètres et placé en arrière de la fleur. Pour ce faire, il doit plonger sa tête au centre de la fleur, sous la colonne. Lorsqu'il a consommé le nectar, il se dégage en reculant, sa tête heurte alors inévitablement une petite languette collante (le *viscidium* ou caudicule) orientée vers le centre de la fleur, et qui relie les masses polliniques à l'extrémité de la colonne. Arrachées à la colonne, celles-ci se trouvent collées sur la tête du *Xanthopan* qui, poursuivant sa quête du nectar, va aussitôt visiter une fleur voisine de la même espèce. Là, faisant le même parcours, c'est en entrant dans la fleur que sa tête effleure le stigmate, partie concave située au centre de la colonne qui réceptionne et garde les masses polliniques grâce à une substance collante dont elle est enduite.

C'est à cet instant qu'a lieu la fécondation. Ensuite, n'ayant plus de raison d'être, la fleur fane et l'ovaire, situé en arrière de la corolle, se transforme en fruit. Quelle que soit l'orchidée, l'emplacement des organes sexuels est toujours le même, seule la taille de la colonne diffère en fonction de l'espèce. L'insecte et son trajet varient en fonction de la forme de la fleur, ce qui parfois l'oblige à faire des parcours extrêmement complexes, mais ayant toujours le même dessein…

CARACTÈRES MORPHOLOGIQUES DE LA PLANTE

Hétéroclites, déconcertantes et passionnantes, ainsi sont les plantes d'orchidées... Elles offrent une telle diversité de formes, que l'on est en droit de douter de leur appartenance à une seule et même famille. Pourtant, toutes répondent à une même classification basée sur l'existence ou non d'une tige.

▸ ORCHIDÉES À TIGE : MONOPODIALES

La tige est la partie centrale de la plante, elle porte les feuilles généralement disposées de chaque côté, émet les inflorescences annuelles et les fameuses racines aériennes. La croissance d'une orchidée monopodiale est verticale et continue ; selon les genres, et l'âge de la plante, la hauteur de la tige varie. Un *Phalaenopsis* adulte ne dépasse guère les 15/20 cm, alors que certains *Vanda* atteignent les 2 mètres. Dans tous les cas, il faut savoir qu'une orchidée monopodiale vit dans des contrées sans saisons sèches marquées. C'est une plante qui n'est morphologiquement pas apte à résister à un manque d'eau et qui doit être régulièrement arrosée.

Le *Vanda* (photo et croquis), est la plus représentative des orchidées monopodiales.

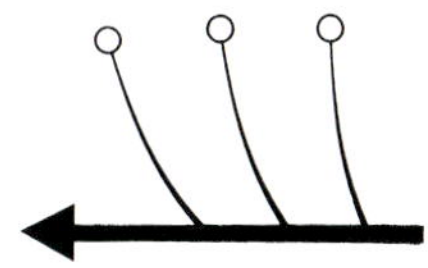

ORCHIDÉES SANS TIGE : SYMPODIALES

À l'inverse de l'orchidée monopodiale pour laquelle nous avons une seule et même plante qui grandit au fil des années et qui peut exceptionnellement ramifier, l'orchidée sympodiale croît en formant ce que l'on appelle des pseudobulbes. En se développant, ces « faux-bulbes » emmagasinent une certaine quantité d'eau et de nourriture que la plante utilisera lorsqu'elle devra affronter la saison sèche caractéristique de son pays d'origine. Pour bien cultiver ce type d'orchidée (*Cattleya*, *Odontoglossum*, *Dendrobium*, *Cymbidium*...), il suffit d'observer la végétation de la plante : chaque année, la plante émet de nouveaux pseudobulbes qui naissent à la base de ceux de l'année précédente. Lorsqu'ils sont en période de croissance, c'est-à-dire tant qu'ils se développent, les arrosages doivent être copieux et réguliers, et doivent, en quelque sorte, être une imitation de ce que sont les pluies tropicales. C'est pendant ce laps de temps que la plante constitue ses réserves. Lorsque les pseudobulbes sont complètement développés (taille et volume au moins équivalents à ceux de l'année précédente), les apports d'eau devront être espacés, voire suspendus pour certaines espèces.

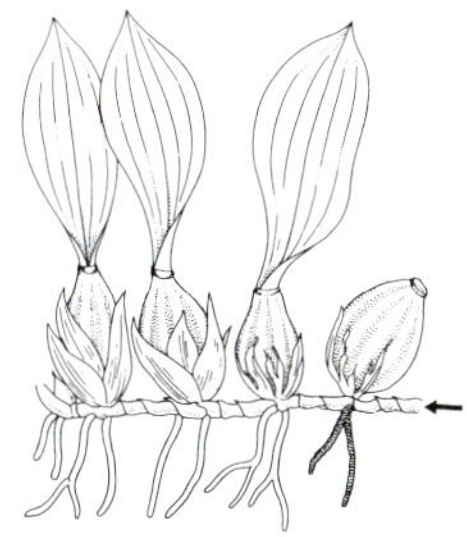

Plante de *Dendrobium* (photo) et *Coelogyne* (croquis) ; tous deux illustrent à la perfection l'aspect d'une orchidée sympodiale.

▲ Quelques exemples de la diversité des feuillages d'orchidées, de gauche à droite, *Haemaria discolor, Paphiopedilum delenatii* et *Paphiopedilum wolterianum.*

LES FEUILLES

Elles sont couvertes d'une multitude d'ouvertures microscopiques, comparables aux pores de notre peau. Appelés stomates, ils sont les organes de respiration et de transpiration de la plante qui peut ainsi effectuer des échanges gazeux avec l'air ambiant. Grâce à eux, les feuilles captent le gaz carbonique qui associé à l'eau se transforme en sucre sous l'effet de la lumière, elle-même absorbée par la chlorophylle : il s'agit du fameux processus de photosynthèse. Comme tout être vivant, la plante transpire. Ainsi lorsque le taux d'hygrométrie est correct, la plante profite de l'humidité ; à l'inverse s'il est trop faible, l'eau continue de s'évaporer, sans pouvoir être renouvelée, et la plante se déshydrate. Compte tenu de leur étroite relation avec leur environnement, il ne semble pas exagéré de comparer les feuilles à de véritables « porte-parole », qui nous signaleront certains manques ou certaines erreurs de culture. Ainsi des feuilles qui deviennent molles ou plus fines de texture désignent une déshydratation ; un jaunissement ou un rougissement du feuillage montre que la plante est exposée à une lumière trop vive. Ces exemples de symptômes assez typiques ne doivent inquiéter que s'il s'agit de feuilles récentes ; les plus anciennes ayant une durée de vie de 2 à 5 ans, il est normal qu'elles stoppent leur activité, et qu'elles tombent pour être remplacées.

◂ Les racines reflètent à la perfection l'état de santé de votre orchidée, ou de celle que vous souhaitez acquérir. Sur 10 orchidées qui dépérissent, 9 ont perdu leurs racines.

▸ LES RACINES AÉRIENNES

La plupart des orchidées cultivées étant épiphytes ou semi-épiphytes, il est fondamental de bien comprendre leur structure ainsi que leur mode de fonctionnement, pour aborder correctement le sujet de leur culture proprement dite.
Le rôle des racines, est doublement vital : D'une part, elles absorbent les éléments nutritifs et l'eau qu'elles trouvent dans l'air, sur les arbres ou les roches recouvertes de mousses, pour ensuite les acheminer vers la plante, assurant ainsi son alimentation et son hydratation. D'autre part, par leur nombre et leur solidité, elles arriment avec force la plante sur son support. Leur anatomie quelque peu particulière, n'est autre qu'une belle adaptation de la plante à son environnement: composées de deux parties, on trouve en leur centre, une partie vivante, qui assure l'acheminement des éléments nutritifs et de l'eau vers la plante ; autour de celle-ci, le *velamen* ou « voile », reconnaissable à sa couleur blanche légèrement argentée, qui verdit lorsqu'il est mouillé, ravitaille et protège la partie centrale tout en captant les éléments nutritifs et l'eau. Ce velamen est un tissu constitué de cellules spongieuses ayant une rapide et excellente capacité d'absorption. À chaque ondée tropicale, elles se gorgent de l'eau qui ruisselle sur les troncs d'arbre. Les éléments nutritifs (feuilles en décomposition, fientes d'insectes), l'oxygène, les dioxydes de carbone et les minéraux, indispensables à la vie de toute

plante sont naturellement présents dans cette eau de pluie qui s'en enrichit tout au long de son parcours sur les troncs et les roches. L'arbre sert uniquement de support, il ne donne rien de plus à la plante, qui ne lui prend rien, l'un et l'autre vivent en harmonie, il ne peut donc pas être question de parasitisme dans cette relation.

▸ LES HAMPES FLORALES

N'est-ce pas leur apparition qui nous ravit le plus ? Nous sommes tous pareils, nous espérons à tout instant la naissance de ce qui nous donnera dans quelques mois de superbes fleurs que nous admirerons d'autant plus qu'elles seront la récompense de toute l'attention que nous leur portons.

Dans le groupe des plantes à tige (monopodiales), les hampes florales naissent à l'aisselle des feuilles, on les dit axillaires (cas des *Phalaenopsis*, *Vanda*, *Renanthera*). Chez les plantes sans tige (sympodiales), elles peuvent apparaître à différents endroits selon les genres : à l'extrémité du pseudobulbe (*Cattleya*), le long des pseudobulbes (*Dendrobium*), à leur base (*Odontoglossum*, *Lycaste*, *Oncidium*...), au centre de la nouvelle pousse arrivée à maturité (*Paphiopedilum*, *Phragmipedium*...), à la base de la pousse (*Jumellea*, *Cochleanthes*...) et parfois, de façon plus extraordinaire, sous la plante, à travers les racines (*Stanhopea*, *Dracula*...). Dans la plupart des cas,

▾ Il ne faut pas oublier que, plus une orchidée est âgée, plus elle donne de fleurs. Les floraisons se magnifient avec le temps.

plusieurs mois s'écoulent entre l'apparition de l'inflorescence et l'épanouissement de la première fleur. Ensuite, selon le genre, la durée de la floraison varie de 24 heures à 3 mois ou plus. Mais rassurez-vous, les orchidées aux fleurs éphémères sont rarement commercialisées, par contre elles intéressent les collectionneurs, qui ne manquent pas d'apprécier les qualités qu'elles développent pour se faire pardonner de ne rester en vie que quelques jours (parfums, fleurs de grande taille et de forme exceptionnelle). Les orchidées fleurissent tous les ans, parfois plusieurs fois (*Phalaenopsis*), plus elles sont âgées, plus leurs floraisons sont spectaculaires et longues. C'est un détail très motivant à ne pas oublier, car on n'imagine pas toujours la plante dans le temps : 10, 20 ou 30 ans plus tard, plus belle, plus forte, avec au moins cinq fois plus de fleurs !

▸ LES KEIKIS

Il s'agit de « bébés orchidées » qui se développent spontanément sur une hampe florale ou sur des pseudobulbes. Ce phénomène est fréquent chez les *Phalaenopsis* et les *Dendrobium*, mais peut parfois être l'expression d'un problème de culture comme :

- un excès de chaleur en été
- l'utilisation d'un engrais trop riche en azote
- le non-respect de la période de repos pour les espèces qui doivent la subir.
- l'excès ou le manque d'arrosage entraînant le dépérissement de la plante, qui se sauvegarde en produisant un ou plusieurs keikis.

▴ Certaines espèces produisent naturellement des keikis, sans que cela soit dû à un quelconque problème de culture.

Que faire de ces keikis ?

En principe les feuilles apparaissent avant les racines. Lorsque ces dernières mesurent entre 3 et 5 cm, il faut les détacher de la hampe ou du pseudobulbe, et les empoter individuellement dans un pot de petit diamètre en utilisant du compost de fine granulométrie pour commencer. Lorsqu'ils auront bien poussé, il faudra les rempoter dans des pots plus importants et attendre leur floraison. Les keikis fleurissent à l'identique de la plante mère.

DISTRIBUTION GÉOGRAPHIQUE ET VIE DANS LA NATURE

▲ plupart des orchidées exotiques sont épiphytes : elles vivent naturellement sur les troncs ou les branches en harmonie avec l'arbre.

Les orchidées forment la plus vaste et la plus cosmopolite famille de plantes à fleurs que nous connaissons. Absentes des régions désertiques et polaires mais présentes sur tous les continents, elles existent dès lors qu'il y a végétation. C'est ainsi que l'Europe et le Canada abritent de superbes espèces terrestres adaptées au climat des zones froides et tempérées froides et qui, aussi étonnant que cela puisse paraître, présentent de réelles difficultés de culture dues à leur faible pouvoir d'adaptation. Face à cette minorité, on trouve la majorité des orchidées dites « exotiques » qui (sauf exception) ne sont ni terrestres, ni difficiles à cultiver en appartement. Originaires des zones tropicales, la plupart d'entre elles ont une fabuleuse particularité, encore trop souvent mal interprétée : elles sont épiphytes et non pas parasites. Bien que vivant fixées sur un autre végétal (arbre, fougère), elles n'en tirent aucune nourriture. D'ailleurs, si tel était le cas, comment pourrait-on expliquer que certaines vont jusqu'à se contenter d'une roche, ou d'un simple panier comme support de culture ? Il faut oublier cette idée de parasitisme parce qu'elle rend incompréhensible leur culture : l'orchidée vit grâce à ce qui l'entoure (l'air, l'humidité, les éléments minéraux, la lumière, la température), et par conséquent grâce à ce que nous lui apportons. L'arbre ou l'écorce ne sont que de simples supports.

Mais là n'est pas le plus important pour aborder leur culture. En effet, il est essentiel de connaître l'altitude, et l'environnement de la plante. Une orchidée qui vit à 200 m d'altitude, dans l'atmosphère humide d'une forêt, où la température varie entre 20-35 °C, ne peut pas être cultivée comme celle qui vit à 1 800 m d'altitude, qui est exposée en plein soleil le matin tôt, et qui connaît des températures variant considérablement entre le jour et la nuit. De cette différence découle leur classification en orchidées de serre chaude, tempérée, ou froide, qui oriente l'amateur dans ses choix.

▸ *Coelogyne* sp. en épiphyte (Parc National - Bornéo, Malaisie). Espèce similaire à *Coelogyne dayana* ou *massangeana*.

Cultivez

Si l'on peut traduire « il ou elle a la main verte », par, « il ou elle comprend et ressent les besoins de la plante », alors la « main verte » n'est pas une légende, et faire fleurir des orchidées chez soi ne relève, ni de la magie, ni de la chance ! Respecter les fonctions vitales de respiration, de photosynthèse et de transpiration, que nous avons évoquées précédemment, est le plus sûr chemin vers la réussite de leur culture. L'environnement naturel, dans lequel les orchidées s'épanouissent, leur offre spontanément tout ce dont elles ont besoin pour vivre ; à l'inverse, celui de nos maisons est assez peu généreux. C'est ici que nous intervenons, en temps qu'intermédiaires capables de répondre à leurs demandes en leur apportant l'eau, l'humidité, la lumière, et les éléments nutritifs qu'elles ne peuvent pas trouver seules.

COMMENT BIEN CHOISIR UNE ORCHIDÉE ?

Tout d'abord vous devez orienter votre choix vers les orchidées qui conviennent à votre habitation (orientation par rapport aux différents points cardinaux, et possibilités de variations de température). Ensuite, privilégiez la santé de la plante plutôt que la beauté des fleurs. Une plante sur le déclin, peut tout à fait porter de superbes fleurs qui ne laissent rien deviner ! Pour cela inspectez les feuilles, les pseudobulbes, et l'état des racines : nous l'avons vu, ils sont d'excellents indicateurs !
Les feuilles doivent être dépourvues de taches noires, marrons, ou jaunes, (à moins qu'il ne s'agisse d'une pigmentation naturelle) ; leur texture doit être lisse ; si elles sont comme ridées, ou molles au point d'être anormalement retombantes, vous êtes en présence d'une plante déshydratée.
Les pseudobulbes doivent être bien verts et ne jamais avoir une partie marron ou noire. Selon les genres, ils peuvent être

▲ Fleur de *Cochleanthes wendlandii*, une orchidée originale, facile de culture, aux fleurs très parfumées

vos orchidées

un peu plissés, mais jamais plats et dépourvus de substance. Il est également préférable de voir une jeune pousse en formation à leur base, cela garantit la vigueur de la plante.
La plante doit être bien ancrée dans son pot, cela certifie que ses racines sont en bonne santé, et nombreuses : sauf rempotage récent, elle ne doit pas être instable. Si tel est le cas, sachez que le système radiculaire a certainement été détérioré. Les racines extérieures, plus ou moins nombreuses selon les genres et la date du dernier rempotage, doivent être poussantes, fermes, et rigides.

LA LUMIÈRE

Plus la lumière est abondante, plus la plante consomme l'eau et les éléments nutritifs que nous lui apportons, donc plus

▼ Une fenêtre bien orientée, un plateau entièrement garni de billes d'argile expansée, et à demi-rempli d'eau sont un environnement idéal et facile à offrir à vos orchidées.

elle croît, et mieux elle fleurit. À l'inverse, si la luminosité est faible, ce qui peut être le cas lorsque la plante est mal placée, ou tout simplement quand la saison impose ses conditions climatiques, « l'orchidée boit moins » et sa croissance ralentit. Ce phénomène parfois incontournable impose un espacement des arrosages afin d'éviter l'accumulation d'eau dans le substrat, qui parce qu'elle n'est pas consommée, fait pourrir les racines et engendre la perte de la plante.

▸ OFFREZ LEUR UNE PLACE DE CHOIX

Toutes les orchidées affectionnent la lumière, certaines plus particulièrement que d'autres. Pour obtenir les meilleurs résultats de culture, voyons où les placer dans la maison : quels que soient les genres, installez les plantes le plus près possible de la principale source de lumière : sous un vélux, ou face à une fenêtre, tout en respectant une distance d'environ 25 cm. Même si votre pièce vous semble très claire, plus vous éloignerez la plante de la fenêtre, moins elle profitera de la lumière. Il n'est pas d'orientation par rapport à l'un des 4 points cardinaux qui ne convienne pas à la culture des orchidées. Les fenêtres exposées au nord accueilleront les moins « gourmandes » en lumière, ou bien celles qui préfèrent la fraîcheur pendant les mois d'été (*Phalaenopsis*, *Paphiopedilum*, *Masdevallia*, *Odontoglossum*, *Lycaste*, *Phragmipedium*...).

Ce croquis donne une idée de la manière dont on peut installer les orchidées devant une fenêtre.

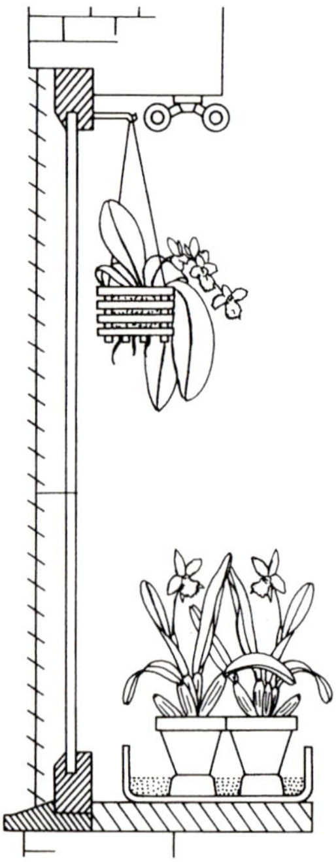

Orientées vers le sud et équipées d'une possibilité d'ombrage (voilage, ou stores vénitiens), vos fenêtres seront une place de choix pour tous les genres, en particulier pour les *Cattleya*, les *Oncidium*, ou les *Angraecum*. Vous pourrez également y placer celles qui requièrent moins de clarté, en les plaçant derrière celles qui en demandent beaucoup, ou en augmentant la distance.

▸ CRAIGNEZ LE SOLEIL DIRECT

Le soleil doit attirer votre méfiance ! Il peut provoquer des brûlures mortelles du feuillage, pendant environ 8 mois, à certaines heures de la journée. À partir de la fin février, jusqu'à la mi-octobre, s'il arrive directement sur vos plantes entre 11 heures et 18 heures, il est obligatoire de les ombrer. En cas de doute, contrôlez la température des feuilles en les tâtant : elles ne doivent pas être chaudes. L'Est est en fait la seule exposition qui permette d'offrir à vos orchidées tous les bienfaits du soleil sans risques de brûlures.

▲ Ce *Cattleya trianae* fait partie des orchidées qui demandent beaucoup de lumière.

METTEZ VOTRE IMAGINATION À LEUR PROFIT

Pour conclure sur le chapitre de la lumière, sachez que plus votre collection s'enrichira, plus vos plantes occuperont une place importante devant les fenêtres, et cela au détriment de l'abondance de lumière. N'hésitez pas à les espacer, en les plaçant sur des étagères, ou en les répartissant selon leurs besoins devant plusieurs fenêtres. La culture sous éclairage artificiel peut également être d'une grande utilité : très répandue dans les pays nordiques, elle permet de pallier l'insuffisance de place devant les fenêtres, le manque de luminosité pendant les mois d'hiver, ou les jours de mauvais temps, et peut même permettre l'utilisation de pièces totalement dépourvues d'éclairage naturel.

CE QU'IL FAUT RETENIR SUR LA LUMIÈRE

- Ne jamais confondre lumière et soleil
- La lumière rythme les arrosages : plus vos orchidées auront de la lumière, plus elles absorberont rapidement l'eau des arrosages, et plus vite elles pousseront.
- Conséquences d'un manque de lumière :
  - pourriture des racines.
  - étiolement des feuilles.
  - absence de floraisons.
  - ralentissement de la croissance de la plante.

LA TEMPÉRATURE

Dans la nature, toutes les orchidées sont exposées à des différences de température entre le jour et la nuit. Ces écarts, dont l'importance varie selon les saisons et l'altitude, favorisent la végétation et induisent les floraisons, en particulier lorsqu'ils sont subis pendant les mois qui précèdent la période de floraison. Ce phénomène des variations de température s'explique tout simplement par le fait que dans la journée le soleil fait monter la température, laquelle chute dès qu'il décline. Donc, que les orchidées soient de climat chaud (niveau de la mer et faible altitude), tempéré (altitude moyenne), ou froid (altitude élevée), elles subissent incontestablement et naturellement des chocs thermiques qui sont d'autant plus importants que l'altitude est élevée. Plus concrètement, cela signifie qu'une orchidée qui vit à 2000 mètres d'altitude ne peut pas fleurir et risque de s'affaiblir, si elle est cultivée dans une pièce où la température est élevée et constante.

CONNAÎTRE LES TEMPÉRATURES DU SITE D'ORIGINE POUR NE PAS FAIRE LE MAUVAIS CHOIX

Il est évident que si vous demandez un bulletin météo du site d'origine de l'orchidée que vous souhaitez acquérir, vous risquez fort de voir pâlir votre interlocuteur ! La diversité des biotopes est telle, que rares sont les personnes qui peuvent prétendre connaître le cas particulier de chaque espèce. Par contre, on doit toujours pouvoir vous dire si l'orchidée est de climat chaud, tempéré, ou froid, et vous indiquer les fourchettes de températures diurnes et nocturnes à respecter.
Ainsi vous saurez si les conditions de votre habitation correspondent à celles requises par les orchidées que vous désirez cultiver.
Pour ce faire, référez-vous au tableau qui suit :

TABLEAU DES AMPLITUDES THERMIQUES À RESPECTER

	TEMPÉRATURES DIURNES	TEMPÉRATURES NOCTURNES	AMPLITUDES THERMIQUES À DONNER ENTRE LE JOUR ET LA NUIT
Climat chaud	18 °C à 30 °C	16 °C à 25 °C	2° à 5 °C
Climat tempéré	18 °C à 25 °C	13 °C à 16 °C	5° à 10 °C
Climat froid	15 °C à 20 °C	8 °C à 14 °C	Minimum 10 °C

▲ *Phalaenopsis* 'Spica' x *Phal.* 'Sonnentau', une orchidée dite de serre chaude, et parfaitement adaptée à la culture en appartement.

▸ COMMENT RECRÉER LES TEMPÉRATURES REQUISES ?

Pour les orchidées de serre chaude, en été comme en hiver

Elles se cultivent exclusivement à l'intérieur de la maison. Idéales, quel que soit le type de l'habitation (appartement ou maison), elles se satisfont très bien de la petite différence de température (2 à 5 °C) qui s'opère naturellement entre le jour et la nuit. Parmi les orchidées de serre chaude figure l'une des orchidées les plus faciles à cultiver : le *Phalaenopsis*.
Nous pouvons également citer les *Aerangis*, les *Cochleanthes*, les *Bollea*, les *Vanda*, *Ascocentrum*, certains *Oncidium* et bien d'autres encore !

Pour les orchidées de serre tempérée ou froide, en été

VOUS POSSÉDEZ UN JARDIN OU UN BALCON OMBRAGÉS

Les orchidées de serre tempérée pourront être placées à l'extérieur pendant les mois de juillet et août. Abritées du soleil aux heures chaudes, et des pluies si nécessaire, elles profiteront à la fois des écarts de températures et de l'humidité de la nuit.

Les orchidées de serre froide seront sorties plus tôt (fin mai, après les saints de glace), et rentrées plus tard (mi-septembre jusque mi-octobre) en fonction des températures nocturnes qui, en principe, ne doivent pas chuter en dessous de 8°/10 °C. En période de canicule, certaines orchidées de serre froide risquent de souffrir de la chaleur : si cela vous est possible, protégez-les en les plaçant dans une pièce fraîche de la maison. La culture en extérieur implique que les plantes sont véritablement exposées à des conditions climatiques très différentes et irrégulières. Ainsi le vent, la pluie, la sécheresse, la fraîcheur ou la chaleur auront une influence directe sur leur rapidité à absorber l'eau des arrosages. Il est donc conseillé de redoubler de vigilance en particulier lorsque les pots sont de petite taille, car la petite quantité de substrat qu'ils contiennent sèche très rapidement.

▾ *Phragmipedium* 'Eric Young' x *Phrag. besseae*, une des nombreuses orchidées de climat tempéré, à cultiver en appartement.

VOUS N'AVEZ NI BALCON, NI JARDIN

Les orchidées de serre tempérée demandant des écarts de température de l'ordre de 5° à 8 °C entre le jour et la nuit, le fait d'entrouvrir une fenêtre la nuit ou de placer la plante contre le vitrage suffira à faire baisser la température. La culture des orchidées de serre froide est généralement déconseillée aux personnes qui ne peuvent pas les sortir en été, ou dont l'habitation n'offre pas de pièce fraîche en été comme en hiver.

Pour les orchidées de serre tempérée ou froide, en hiver

Dès leur retour à l'intérieur de la maison, le premier impératif est d'éloigner vos orchidées des sources de chaleur (radiateurs, cheminées, ou sol si chauffage par le sol). Cette précaution ne vise pas particulièrement à les protéger de la chaleur, mais plutôt à éviter leur déshydratation.
Ensuite, le jeu des températures consistera à tenter de recréer du mieux que vous le pouvez les amplitudes thermiques requises par les unes et les autres. Pour ce faire, n'hésitez pas à user de certains subterfuges tels que :
- Vaporiser le dessous des feuilles le soir.
- Placer les plantes face à une fenêtre très ensoleillée, sans voilage à partir du 15 novembre jusqu'au 15 février. Ainsi vous amplifierez artificiellement le contraste entre les températures diurnes et nocturnes tout en satisfaisant leur besoin de luminosité.
- En dehors des périodes de gel vous pourrez entrouvrir une fenêtre la nuit ou placer les plantes contre le vitrage.
- Déplacer les plantes d'une pièce chaude le jour, vers une pièce fraîche la nuit.

CE QU'IL FAUT RETENIR SUR LA TEMPÉRATURE

- La plupart des orchidées s'adaptent parfaitement aux températures de nos habitations.
- Ce sont les écarts de températures qui induisent les floraisons. L'amplitude thermique à respecter, est fonction de l'appartenance de la plante à l'une des catégories suivantes : climat chaud-tempéré ou froid.
- Elle influe sur la rapidité d'absorption de l'eau : plus la température est élevée, plus les arrosages doivent être rapprochés, et inversement.
- Conséquence d'une température mal adaptée :
  – absence de floraison.
  – mauvaise croissance.
  – risque de pourriture du feuillage et des racines.

L'EAU

Dans la nature, la vie des orchidées est intimement liée à l'omniprésence de l'eau qui leur parvient par le biais des pluies tropicales et de l'humidité de l'air. L'arrosage et la vaporisation sont des soins vitaux, qui, parce qu'ils ne sont rien de plus qu'une simple imitation de ce que la nature leur offre, demandent, au-delà de la connaissance, un certain sens de l'observation ainsi qu'une certaine logique.

▸ LA QUALITÉ DE L'EAU

Exception faite des orchidées terrestres ou semi-terrestres, toutes les orchidées doivent être arrosées avec une eau très faiblement minéralisée. Pourquoi ? Si les minéraux et en particulier le calcium (calcaire) sont présents en trop grande quantité, la plante n'aura pas la capacité de les assimiler. De ce fait, ils s'accumuleront sur les feuilles et les racines, et formeront un dépôt blanchâtre qui asphyxiera la plante.

Eau de pluie

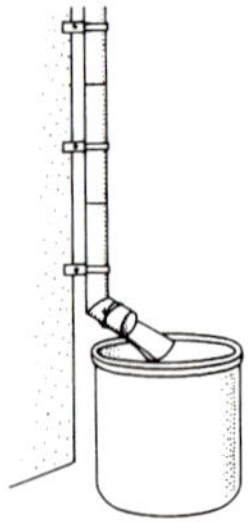

Quelles sont les eaux que vous pouvez utiliser ?

L'eau de pluie est de loin celle qui convient le mieux aux orchidées, même si vous vivez dans les régions polluées ! Stockée à l'abri de la lumière, et éventuellement artificiellement oxygénée, elle apportera à vos orchidées la bonne proportion d'éléments minéraux.

À défaut d'eau de pluie, et si vous n'avez pas encore une centaine de plantes… vous pouvez avoir recours à certaines eaux de source à condition qu'elles soient peu minéralisées. À titre d'exemple, on peut citer l'eau de Volvic, ou recommander toute autre source, à la seule condition que la teneur en calcium soit voisine de celle de la Volvic, qui contient 9,9 mg de calcium par litre. Alors que la plupart des autres dépassent les 70 mg par litre ! Soyez donc vigilants, et ne négligez pas de comparer les minéralisations caractéristiques indiquées sur chaque emballage.

Eaux minérales peu calcaires

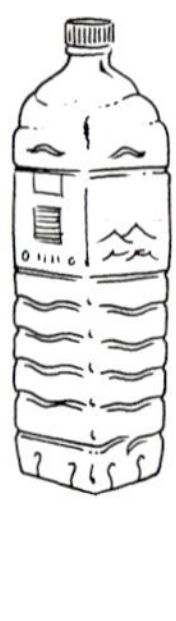

L'eau osmosée est une eau filtrée à l'aide d'une membrane dont la taille des perforations est de l'ordre de 0,0001 micron. Les matières en suspension dans l'eau étant de taille

supérieure à celle des perforations, elles sont retenues par la membrane. Cette eau très utilisée par les aquariophiles, est commercialisée par leurs fournisseurs. Très réputée pour sa pureté, elle est trompeuse : dépourvue de minéraux et d'oligo-éléments, son utilisation pour la culture des orchidées est tolérée à condition qu'elle soit épisodique ou limitée à la brumisation du feuillage. Par contre, un mélange fait avec 50 % d'eau de ville et 50 % d'eau osmosée permet d'annihiler les excès de l'une et les carences de l'autre.
Il existe également dans le commerce, des filtres charbon de marque « Brita » et autres, qui servent à supprimer le calcaire et le chlore contenus dans l'eau de ville. Généralement présentés sous forme de carafe ou d'arrosoir, ils ont le double avantage d'être pratiques et économiques.

Eau de ville filtrée

CE QU'IL FAUT RETENIR SUR L'EAU

- À l'exception de certaines orchidées comme les *Paphiopedilum* et les *Cymbidium*, aucune orchidée ne tolère une eau calcaire.
- Eaux à utiliser : eau de pluie, eau filtrée, eau de Volvic, eau osmosée associée à de l'eau de ville, eau de ville non calcaire, eau filtrée sur charbon.
- Eau à ne jamais utiliser : eau distillée ou déminéralisée, eau adoucie, eau de ville lorsqu'elle est calcaire (même après décantation, le calcaire reste), eau vaguement corrigée avec quelques gouttes de citron ou de vinaigre.

L'ARROSAGE

Quand certaines personnes parlent de l'arrosage, elles l'évoquent comme un échange qu'elles entretiennent avec leurs orchidées. En effet, pour être correctement effectué, l'arrosage doit toujours être précédé d'une inspection des plantes qui permet d'évaluer leurs besoins en eau.

▸ COMMENT ARROSER ?

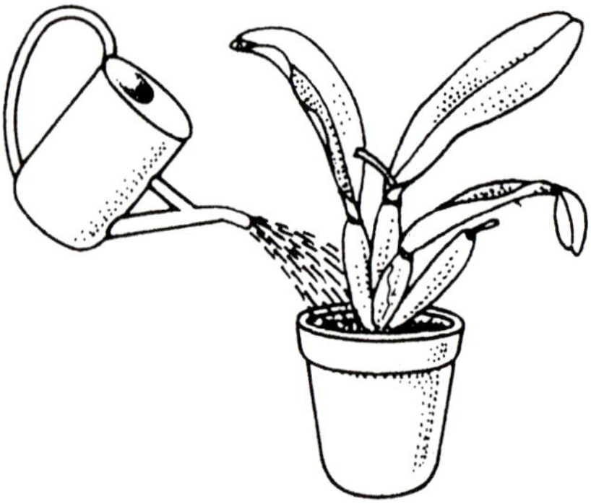

Arrosage par le dessus du pot : Verser l'eau sur le dessus du substrat, tout autour de la plante, pendant une dizaine de secondes. Ainsi le compost aura le temps de s'imprégner de l'humidité que les racines puiseront jusqu'au prochain arrosage.
Le passage de l'eau à travers tout le substrat permet un excellent rinçage, qui entraîne les éventuels dépôts de sels laissés après les apports d'engrais.

Arrosage par immersion partielle du pot :
Cette technique qui consiste à immerger le pot dans l'eau jusqu'au 2/3 de sa hauteur pendant 5 à 6 secondes, assure une bonne répartition de l'humidité à l'intérieur du pot. Par contre, afin d'éviter toute transmission de maladies, il est conseillé de ne pas utiliser la même eau pour plus de 2 ou 3 plantes.

Dans les deux cas, il est prudent de bien laisser l'eau couler à travers le pot avant de replacer la plante dans un cache-pot. Le fond du pot d'une orchidée ne doit jamais être en contact direct avec l'eau. Cette erreur est la cause de la plupart des pourritures des racines que l'on rencontre.

▸ QUELS SONT LES FACTEURS QUI INFLUENT SUR LA FRÉQUENCE DES ARROSAGES ?

La consommation de l'eau par la plante dépend étroitement de son environnement. Voici quelques éléments à prendre en compte :
- La température et l'intensité lumineuse : plus elles sont élevées, plus la plante consomme rapidement l'eau des arrosages.
- La qualité du substrat : l'écorce retient moins l'eau que cer-

tains substrats comme la laine de roche ou la tourbe.
- La granulométrie de l'écorce : plus elle est fine, moins elle sèche vite.
- La saison plus les jours sont courts, moins la plante « consomme ».
- Le stade de la végétation : une plante qui développe des racines ou de nouvelles pousses requiert des arrosages plus rapprochés.
- La taille du pot : plus il est petit, plus le substrat sèche vite.
- Le type de contenant : cultivée dans un pot plastique, la plante devra être arrosée moins souvent que si elle l'est dans un pot en terre cuite ou dans un panier ajouré.
- L'humidité ambiante : plus l'hygrométrie est élevée, moins vite la plante absorbe l'eau des arrosages.

QUAND ARROSER ?

On ne peut pas établir de calendrier précis qui permette d'organiser les jours d'arrosage, avec exactitude. Les plantes sont comme nous, leurs besoins en eau varient en fonction de leur environnement. C'est au poids de son pot que l'on peut juger si une orchidée doit être arrosée. Cette technique infaillible est celle que pratiquent la plupart des professionnels qui vous diront toujours que « rien ne peut égaler leur jugement personnel, pas même les ordinateurs les plus perfectionnés ». Pour arroser correctement, en fonction des besoins de la plante, prenez l'habitude de la soupeser après chaque arrosage : le pot est alors lourd ; après 3 ou 4 jours, contrôlez à nouveau son poids : s'il ne s'est pas nettement allégé, attendez (même si « à l'œil » ou « au toucher » le substrat vous semble sec), si au contraire il est léger, arrosez. Avec l'expérience, vous vous surprendrez à arroser vos plantes sans même avoir pris le soin d'estimer le poids des pots...

▼ La *Lycaste* 'Delphine' est un hybride très florifère. Majestueuses, et souvent parfumées, les *Lycaste* se cultivent en milieu tempéré froid.

Vous saurez reconnaître les facteurs environnants qui influent sur la fréquence des arrosages. La lumière et la température étant les principaux facteurs qui déterminent la consommation de l'eau par la plante, il est illogique de l'arroser le soir, car dans cette hypothèse, elle n'absorbera rien avant le lendemain matin, et aura une tendance à la pourriture des racines.

FAUT-IL ARROSER TOUTE L'ANNÉE ?

Tout dépend de l'origine géographique et de la morphologie de la plante. Nous avons vu précédemment que la plupart des **orchidées sympodiales** (à pseudobulbes) ont une constitution parfaitement adaptée aux particularités du climat qu'elles subissent lorsqu'elles sont en situation naturelle.

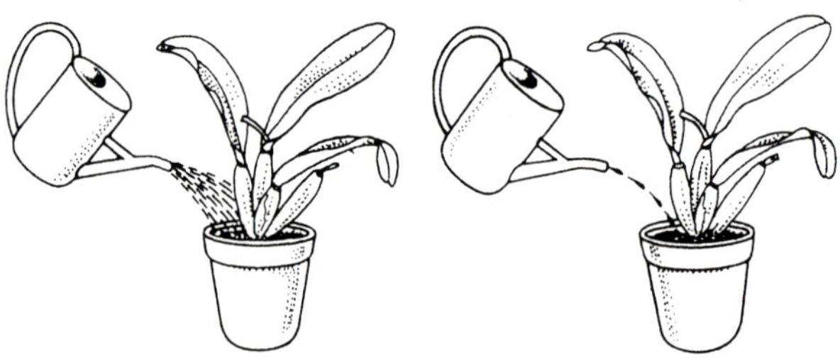

Orchidées sympodiales: arroser normalement en périodes de végétation, très peu ou pas du tout en périodes de repos.

Les *Dendrobium*, les *Lycaste*, les *Thunias*, sont des exemples de genres originaires de contrées où elles doivent vivre plusieurs mois en étant privées des bienfaits de la pluie. Cette période débute généralement lorsque la plante est au terme de sa phase active de végétation, c'est-à-dire lorsque les pseudobulbes arrivent à complète maturité, et qu'ils ont, pendant la saison des pluies, constitué la réserve dans la laquelle la plante puisera un minimum d'eau, et d'éléments nutritifs. En culture, l'observation de la période de repos, est une nécessité. Elle se traduit par un espacement, ou par un arrêt total des arrosages. Cela est fonction du site d'origine du genre, ou de l'espèce concernée. Par contre, la période de repos doit absolument être compensée par le maintien d'un excellent taux d'humidité (minimum 75 %) autour de la plante. **Les orchidées monopodiales** du type des *Phalaenopsis*, *Vanda*, et *Aerangis*, etc. ne sont pas conçues pour faire face à une absence d'arrosages qui leur serait vite fatale.

◂ *Calanthe vestita*, une espèce surprenante et à feuillage caduc.

▸ COMMENT RECRÉER L'HUMIDITÉ DES TROPIQUES ?

Le taux d'humidité est sans conteste la chose la plus difficile à recréer dans une maison ou un appartement. Pourtant, nous allons voir qu'il existe des moyens simples, à la portée de tous, qui permettent de recréer localement un taux d'humidité proche des 65 à 70 %. Il ne faut pas confondre humidité et arrosage, l'un ne peut jamais se soustraire à l'autre. Le confort et le développement de vos orchidées dépendent de la teneur en humidité de l'air ambiant. Pour compenser la sécheresse de l'air de nos habitations, en particulier l'hiver, ou en période chaude, il est conseillé d'associer les deux procédés qui suivent :

Brumisations quotidiennes des plantes

Sous les feuilles, sur les racines aériennes, et sur la surface du substrat avec une eau très faiblement minéralisée. Cette vaporisation doit tendre à recréer un léger brouillard, et non pas une pluie. De nombreuses personnes pensent agir correctement, en utilisant des brumisateurs d'eau de source vendus en pharmacie. Malheureusement, les sources en question ont une teneur en minéraux très élevée.

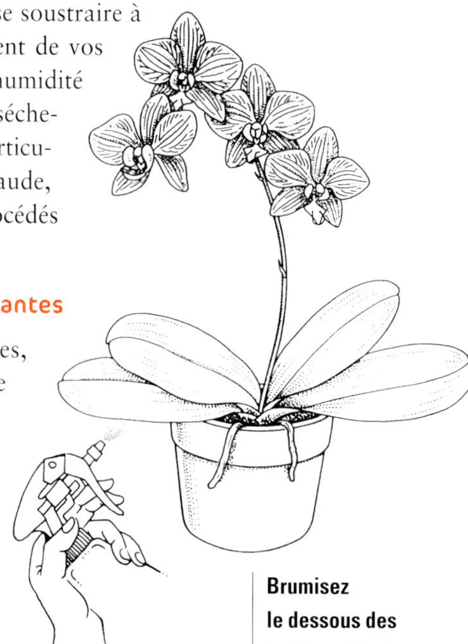

Brumisez le dessous des feuilles et de la surface du substrat pour pallier la sécheresse de l'air.

Utilisation d'un humidificateur à ultrason

Placé à proximité des plantes, il diffuse de l'eau sous la forme d'un fin brouillard. Ce dernier procédé, utilisé en complément, ou seul, recrée autour des plantes un excellent taux d'hygrométrie.

Plus le contenant sera large par rapport à la surface occupée par les pots, plus l'évaporation sera importante et bénéfique.

Installation des plantes au-dessus d'un plateau rempli d'eau

La base des pots ne doit jamais toucher la surface de l'eau : placées sur une grille ou sur des pots renversés, vos orchidées seront à l'abri de cet incident courant qui entraîne inévitablement la pourriture des racines.

▸ LA DÉSHYDRATATION : CAUSES, SYMPTÔMES ET TRAITEMENT

Causes

La déshydratation de la plante est la conséquence la plus connue et la plus grave qui résulte, soit d'un manque d'humidité autour de la plante, soit d'une erreur d'arrosage. Si la déshydratation qui découle d'un manque d'arrosage n'a pas besoin d'être explicitée, celle causée par un excès d'eau surprend toujours ! Contrairement à ce que l'on pourrait imaginer, ce second cas de figure est le plus fréquemment rencontré : en effet, de nombreux débutants, craignant de mal soigner leur orchidée, se rassurent en l'arrosant aussi souvent qu'ils le jugent utile. Ainsi croyant bien faire, ils infligent à leur plante des quantités d'eau si rapprochées les unes des autres, que celle-ci finit par ne plus pouvoir suivre ce rythme infernal, et n'absorbe plus l'eau dont elle est saturée. Les racines

Plante
en **bonne santé**

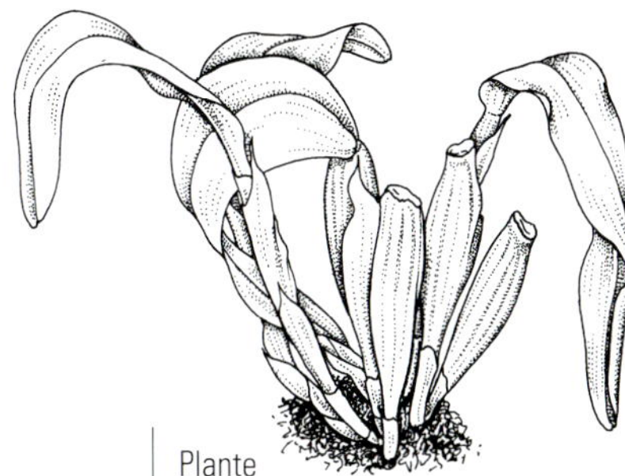

Plante
déshydratée

pourrissent, et n'assurent plus l'hydratation de la plante, qui va peu à peu se déshydrater. Parmi les causes moins courantes qui peuvent expliquer la déshydratation, on peut citer l'usage d'une eau trop minéralisée ou la proximité d'une source de chaleur importante.

Symptômes

Si les feuilles perdent de leur tonicité, se rident, et deviennent anormalement molles, ou si les pseudobulbes se flétrissent et perdent de leur substance, vous êtes en présence des signes les plus significatifs d'une déshydratation.

Traitement

Une déshydratation par manque d'eau se rattrape plus facilement que lorsqu'elle résulte d'un excès d'arrosage. Selon la cause, les soins à donner diffèrent. Dans le premier cas, il suffira de reprendre des arrosages réguliers en utilisant la méthode de l'immersion partielle du pot. Dans le second cas, il faudra au contraire les stopper, et maintenir un taux d'hygrométrie très élevé autour de la plante jusqu'à l'apparition de nouvelles racines, moment précis à partir duquel ils pourront être peu à peu repris. Si la plante a souffert de l'utilisation d'une eau trop minéralisée, il est préférable de nettoyer chaque feuille avec un morceau de coton hydrophile imprégné d'eau déminéralisée afin de la débarrasser des dépôts de minéraux qui obstruent les stomates.

CE QU'IL FAUT RETENIR SUR LES ARROSAGES ET LES BRUMISATIONS

- Ne jamais utiliser d'eau calcaire.
- Arroser le matin.
- Arroser par la surface du substrat, ou par trempage rapide du pot jusqu'au 2/3 de sa hauteur.
- Bien laisser l'eau s'écouler, avant de replacer la plante.
- Laisser le pot s'alléger entre chaque arrosage.
- Brumiser les plantes chaque jour, et les placer au-dessus d'un récipient rempli d'eau.
- Ne jamais laisser le fond des pots être en contact direct avec l'eau.
- Les conséquences d'un excès d'arrosage sont plus graves que celles d'une insuffisance d'eau.

LE REMPOTAGE

Souvent oublié, ou jugé dangereux et secondaire, le rempotage est un soin indispensable qui, s'il est exécuté avec précautions, au moment opportun, ne peut que participer à l'amélioration de la qualité de vie de vos orchidées.

▸ POURQUOI ET QUAND REMPOTER ?

Le rempotage protège la plante contre la décomposition du substrat, qui entraîne la destruction des racines, et contre le manque « d'espace vital », qui gêne sa croissance. Il ne doit jamais être pratiqué lorsque la plante est en fleurs, ou sur le point de l'être. Schématiquement il se fait juste après la floraison, ou bien avant celle-ci, tout en évitant les mois de l'année où les jours sont courts (novembre à mi-février). Le moment idéal correspond à celui où la plante est dans la phase très active de sa végétation :
- Pour les orchidées monopodiales (exemple : *Phalaenopsis*) : apparition d'une nouvelle couronne de racines et éventuellement d'une nouvelle feuille.
- Pour les orchidées sympodiales (exemple : *Cymbidium*) :

▲ **Orchidées exigeant un rempotage**: à gauche une orchidée sympodiale, *Cattleya,* à droite, une orchidée monopodiale, *Phalaenopsis.*

démarrage des nouvelles pousses à la base des pseudobulbes. Exception faite des *Paphiopedilum* et des jeunes plantes, qui doivent être rempotés tous les ans, le rempotage doit être fait tous les deux ans.

▸ COMMENT VOIT-ON QU'UNE ORCHIDÉE A BESOIN D'ÊTRE REMPOTÉE ?

Lorsque l'on acquiert une orchidée, la date de son dernier rempotage est souvent inconnue, mais on peut considérer que dans la plupart des cas, elle remonte à une année environ, et qu'il ne faudra pas l'envisager avant 12 mois. Cette supposition implique que la plante ne présente pas d'autres signes manifestes qui justifient l'imminence d'un rempotage, tels que:
– Un pot de trop petite taille par rapport au volume des racines qui sont alors trop nombreuses à se développer en dehors de celui-ci.
– Développement des pseudobulbes en dehors du pot, ou contre les bords de celui-ci.
– Un substrat mal adapté à la culture par des amateurs, ou trop différent de celui auquel vous êtes habitué: laine de roche, tourbe, mousse synthétique. Très performants en culture dite « industrielle », certains professionnels leur trouvent de nombreux avantages, notamment lorsque les arrosages sont automatisés.
– Le rempotage est également obligatoire lorsque la plante

à perdu de nombreuses racines. Devenues moins nombreuses, la taille du pot est alors disproportionnée par rapport à leur volume, et doit être réadaptée. Ce cas de figure, malheureusement fréquent, suppose que la plante soit en train de développer une nouvelle couronne de racines, ou une jeune pousse qui précède l'apparition des racines, en vue d'assurer une bonne reprise.
Dans le cas contraire, il est préférable d'attendre, en veillant à ne pas trop arroser, et en entretenant une excellente hygrométrie autour de la plante.

LE CHOIX DU SUBSTRAT

« Mais comment peuvent-elles vivre dans l'écorce, elles manquent de nourriture, il faudrait un peu de terre ! ». On entend fréquemment cette réflexion qui montre bien qu'il est difficile d'assimiler et de comprendre l'épiphytisme des orchidées. On ne répétera jamais assez qu'à l'état naturel elles vivent accrochées aux troncs et aux branches des arbres, qu'elles les utilisent uniquement comme support, et non pas comme source de nourriture (ce qui les différencie des plantes parasites !). Leurs racines doivent « respirer », absorber l'humidité et profiter de la pluie. Le substrat est un support de culture, qui doit se rapprocher au maximum de ce que la plante aurait, si elle était en situation naturelle.

Que faire lorsqu'il y a urgence à rempoter, et que la saison, ou l'état de la plante ne permet pas de le faire ?

Il existe une solution transitoire : placez la plante avec son pot, dans un second pot plus grand, et remplissez l'espace entre les deux pots, avec du substrat. Ainsi, la plante pourra attendre le moment opportun, où elle sera rempotée.

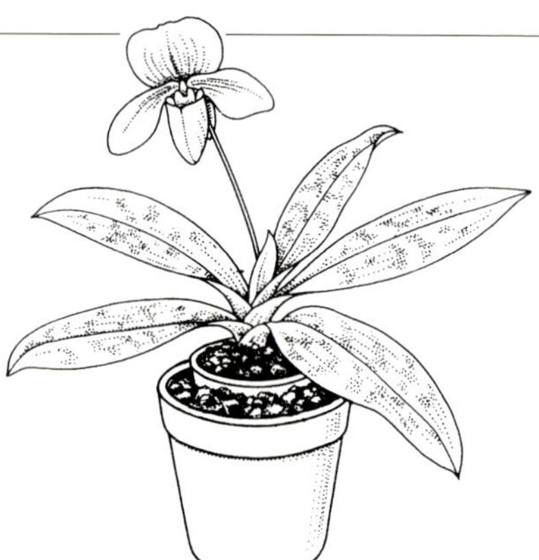

Substrats à base d'écorce

Classiques, mais parfaits, les substrats composés de morceaux d'écorce de pins (à 80/90%), d'argile expansée (à 10/20 %) et éventuellement d'un peu de polystyrène, sont les mieux adaptés à la culture en appartement, et répondent parfaitement aux besoins des orchidées épiphytes. L'écorce retient le minimum d'eau nécessaire à la plante ; l'argile et le polystyrène assurent le drainage et le passage de l'air. Les substrats à base d'écorce sont utilisés par la plupart des grands orchidéistes connus à travers le monde, qui leur confèrent de grandes qualités, notamment celle de rendre les arrosages facilement quantifiables lorsqu'ils sont pratiqués par les amateurs, et de petits défauts, tels que le temps lié à sa préparation, et sa dégradation après un certain temps de culture (en moyenne deux ans).

▲ Écorce de pin, polystyrène, argile expansée sont les composants d'un substrat idéal pour la culture des orchidées.

Le sphagnum

Mousse naturelle, vivant en marais, et pompant l'eau par capillarité. Recommandée pour la culture des orchidées qui aiment être cultivées dans un substrat constamment humide telles que les *Paphiopedilum*, et les *Phragmipedium*, elle a la particularité de retenir l'eau des arrosages tout en régulant naturellement les excès, et possède des propriétés antiseptiques. Utilisée en mélange avec un substrat à base d'écorce de fine granulométrie dans une proportion de 50 %, elle impose des apports d'engrais foliaires, et des rempotages fréquents (tous les 6 à 12 mois). Pure, elle est

▲ Le sphagnum est recommandée pour la culture des *Paphiopedilum*, et *Phragmipedium*.

prodigieuse pour déclencher l'apparition de nouvelles racines et de nouvelles pousses. Cette utilisation en fait une matière vivement recommandée lorsque l'on est en présence d'une plante dont le système radiculaire est détérioré. À considérer comme transitoire, l'emploi du sphagnum nécessite un rempotage dans le substrat habituel, dès le redémarrage de la végétation et suppose des apports d'engrais foliaires. Cette mousse est généralement commercialisée sous une forme déshydratée et compactée, à hydrater avant l'utilisation.

▸ LES AUTRES TYPES DE SUBSTRATS OU COMPLÉMENTS

En pratique, amateurs et professionnels finissent par inventer leurs substrats, chacun les estimant particulièrement performants ; c'est ainsi que, aussi contradictoire que cela puisse paraître, on voit des orchidées pousser à merveille dans des composants parfois surprenants pouvant être utilisés seuls, ou en mélange avec le substrat de base. En voici quelques exemples :

La laine de roche

Il s'agit de la même matière que celle utilisée pour l'isolation des maisons. Parfois recommandée (à tort) et utilisée par certains professionnels, elle demande, de la part du particulier, une excellente expérience en matière d'arrosages. En effet, sa capacité à absorber et à retenir l'eau favorise dangereusement le risque de pourriture des racines. À l'inverse, lorsqu'elle est sèche, elle se transforme en une sorte de buvard qui absorbe l'eau présente dans les racines et entraîne la déshydratation de la plante. Très compacte, elle gêne la circulation de l'air au niveau des racines et entrave leur fonction respiratoire. Sa manipulation au moment des rempotages demande un certain nombre de précautions telles que le port d'un masque, et de gants, car les fibres qui la composent sont très irritantes pour la peau et les voies respiratoires. La laine de roche peut être utilisée pure ou additionnée à un compost à base d'écorce de fine granulométrie, notamment pour la culture des *Paphiopedilum*, *Phragmipedium*, *Lycaste*, *Cymbidium*, mais toujours avec précaution.

▸ *Burrageara* 'Nelly Issler' (voir *Cambria* p. 64)

La tourbe

Elle est souvent trop mouillée, ou trop sèche. Sans une excellente régularité des arrosages, il est difficile de la garder « juste humide ». La tourbe a tendance à retenir les sels contenus dans les engrais, et par conséquent, à favoriser les brûlures des racines. Il est préférable d'utiliser des engrais foliaires, et de veiller à bien « rincer » le substrat entre chaque fertilisation, par au moins deux arrosages à l'eau claire. Compacte, elle est un obstacle à la circulation de l'air autour des racines, et convient mal aux orchidées épiphytes. À l'inverse, elle est recommandée pour la culture des orchidées terrestres, ou semi-terrestres qui apprécieront sa propension à retenir l'eau.

lave, tessons de terre cuite, argile expansée

Dans les zones tropicales, ces matières sont utilisées pures, et sont idéales pour lutter contre les problèmes de pourritures liés à la saturation de l'air en humidité. Sous nos climats, elles sont ajoutées au substrat de base, ou placées au fond des pots afin d'améliorer le drainage et la circulation de l'air. Elles ont l'avantage d'être neutres, et de favoriser le développement des racines à l'intérieur du pot.

Le charbon de bois non traité

Un morceau d'un 1 cm^3 de charbon possède deux milliards de pores à la surface desquels se trouvent des atomes de carbones capables d'attirer les molécules toxiques. Ajouté au substrat de base, au même titre que l'argile expansée ou les tessons, il est un excellent antiseptique qui permet de lutter contre la pourriture des racines, et de prévenir un éventuel développement de bactéries. L'apport de charbon de bois est recommandé pour la culture des orchidées qui nécessitent des arrosages fréquents, et des substrats assez compacts (*Paphiopedilum*, *Phragmipedium*...). C'est un matériau extraordinaire, qui serait certainement plus souvent utilisé par les

▲ La culture en panier (avec ou sans substrat) convient particulièrement bien aux *Cattleya, Vanda, Oncidium.*

professionnels, s'il n'était pas difficile de l'acquérir « non traité pour les barbecues ». Soyez prudent car le charbon de bois traité tue les racines en les brûlant !

Les bouchons de liège

Récupérés sur les bouteilles de vin rouge (le tanin semble plaire aux orchidées...), ils peuvent être coupés en deux et mélangés au substrat de base. Ils plaisent tout particulièrement aux *Phalaenopsis* et aux *Vanda*.

▸ LE CHOIX DU CONTENANT

Quelles que soient sa matière et sa taille, le contenant doit avant tout permettre un excellent écoulement de l'eau.

Pots en plastique ou en terre cuite ?

Pour des raisons pratiques et économiques les professionnels ont été amenés à abandonner l'emploi des pots en terre cuite au profit de celui des pots en plastique. Pour les amateurs, rien n'interdit leur utilisation, bien au contraire ! Ils sont esthétiques, stabilisent la plante, améliorent la respiration des racines, limitent les risques d'excès d'arrosage, et pour les genres de serre froide, protègent les racines des excès de chaleur (*Masdevallia*, *Dracula*, *Disa*...). Toutefois, ils sont coûteux, rendent laborieuse la sortie du pot lors du rempotage car leurs pores favorisent l'adhérence des racines ; impliquent des arrosages plus fréquents (c'est un avantage pour ceux qui ont la main un peu lourde...) ; et retiennent les sels contenus dans les engrais. Par ailleurs, un pot en terre cuite peut parfaitement servir de « cache-pot » à une plante cultivée dans un pot plastique.

Comment déterminer la bonne taille ?

Lorsque l'on débute, on a souvent tendance à penser que le pot de l'orchidée que l'on vient d'acquérir est trop petit et que la plante en souffre. Mais, il ne faut pas oublier que du fait de leur épiphytisme, la plupart des orchidées peuvent très bien se passer d'être dans un pot, et qu'un simple morceau d'écorce de chêne-liège leur suffirait si elles pouvaient trouver dans nos maisons un taux d'humidité flirtant en permanence avec les 70 à 80 %.

La taille du pot doit être proportionnelle au volume des racines, et non pas à celui de la plante. Si la plante n'a pas perdu de racines, il suffit de choisir un pot d'un diamètre supérieur d'un ou deux cm à celui qu'elle quitte. Par exemple, si elle est dans pot de 12 cm de diamètre, optez pour un pot de 13 ou 14 cm de diamètre. Pour plus de sûreté, veillez à ce que les racines remplissent bien le pot, et qu'elles n'aient pas l'air d'y nager. Plus le volume du pot est important, plus celui du substrat augmente, et plus les racines doivent être nombreuses pour que la plante puisse consommer rapidement l'eau contenue dans le compost. Moins elles seront nombreuses, moins la plante pourra absorber l'eau des arrosages, et plus elles risqueront de pourrir.

▸ *Phalaenopsis* 'Elegant Polka Dots'

▸ COMMENT REMPOTER ?

La préparation

Tout d'abord, ayez à portée de la main tout le matériel nécessaire : compost en quantité suffisante, une gamme de pots neufs, un sécateur bien affûté, une poubelle pour y jeter le vieux compost, et un petit réchaud à gaz pour la stérilisation du sécateur entre chaque plante. Placez le compost en tas sur la table, humectez-le, et laissez le reposer pour que sa température atteigne celle de la pièce.
Coupez les hampes florales, supprimez les vieilles feuilles avec le sécateur stérilisé à la flamme. Prenez la plante, maintenez-la au-dessus de la poubelle, le pot orienté vers le ciel et exercez une légère traction de la plante vers le bas jusqu'à ce qu'elle sorte du pot. Il se peut que les racines adhèrent fortement aux pourtours du contenant et qu'elles gênent la sortie de la plante ; dans ce cas, prenez le pot d'une main, maintenez la plante de l'autre pour amortir les chocs, et tapez le bord supérieur du pot contre celui de la table jusqu'à ce que vous sentiez les racines se décoller des bords du pot. Si vous n'y parvenez toujours pas, cassez le pot, ou bien découpez-le. N'ayez pas peur de briser quelques racines, c'est inévitable.

Orchidées sympodiales (*Cattleya*) :

Les anciens pseudobulbes doivent être éliminés.

La suppression des racines abîmées, ou trop nombreuses, est une nécessité à ne pas contourner.

Ensuite, ôtez la totalité du vieux substrat tout en cherchant à démêler les racines afin qu'elles ne restent pas agglomérées. Une fois les racines mises à nu, procédez à l'élimination de toutes celles qui sont mortes, abîmées ou cassées (il y en a toujours), et raccourcissez les plus longues de quelques centimètres, même si cela vous semble barbare ! De toute manière, vous ne pourrez pas les rentrer dans le pot sans les briser, et cet « élagage » leur donnera de la vigueur.
Profitez de cette opération pour supprimer les vieux pseudobulbes des orchidées sympodiales (*Cymbidium*, *Cattleya*, *Odontoglossum*), en sectionnant le rhizome à leur base et pour éventuellement procéder à la division de la plante, si elle possède un nombre suffisant de pseudobulbes (chaque division doit comporter au moins 4 ou 5 pseudobulbes vigoureux). Après cette opération il est préférable de faire un rapide trempage des racines dans une solution fongicide. Cette étape n'est pas obligatoire, mais elle élimine les risques de pourriture. Afin de cautériser les petites plaies occasionnées par le nettoyage des racines, attendez quelques heures (8 à 24 heures) avant de procéder à la mise en pot. Le contact des parties coupées avec l'air les assècheront et les protégeront des éventuels contamination par des champignons ou bactéries (rares, mais probables).

Orchidées monopodiales *(Phalaenopsis)*:

Les anciennes racines forment une masse, au-dessus de laquelle se développe la couronne de nouvelles racines.

Cette masse doit être « démêlée », et nettoyée.

La mise en pot

Assurez-vous que la taille du pot correspond bien au volume des racines. Tapissez le fond du contenant avec des morceaux de polystyrène afin d'améliorer l'écoulement de l'eau et la circulation de l'air. Recouvrez-les d'un peu de substrat.

Avec une main maintenez la plante au-dessus du pot, et faites la descendre, tout en vous servant de l'autre main pour installer les racines à l'intérieur de celui-ci. Les racines doivent être écartées les unes des autres, et la plante impérativement placée au centre du pot. S'il s'agit d'une orchidée sympodiale (*Cattleya*, *Laelia*, *Dendrobium*...), disposez la plante de manière à ce que les jeunes pousses soient à distance des bords, quitte à ce que les anciens pseudobulbes en soient proches.

Dès que le collet (point de jonction des racines et de la tige), ou les nouvelles pousses (apparaissant à la base des pseudobulbes) arrivent au niveau du bord supérieur du contenant, procédez à la mise en place du compost tout en maintenant bien la plante en place. Toujours avec la main libre, faites passer le compost entre toutes les racines, et remplissez bien le pot ; il ne doit pas y avoir d'espace inoccupé par le substrat, et les racines doivent être totalement recouvertes.

Orchidées sympodiales :

Il est important de caler les anciens pseudobulbes près du bord de façon à laisser, dans la direction opposée, de l'espace pour le développement des nouveaux pseudobulbes.

Pour finir, prenez le pot à deux mains en maintenant la plante et tapotez le fond de celui-ci sur la table. Cette opération installe définitivement votre orchidée dans son pot, assure le passage du substrat entre tous les interstices, et se conclut généralement par un dernier rajout.
Afin de maintenir la plante en place, et de la diriger, il est parfois nécessaire de la tuteurer. Ceci est le cas pour la plupart des orchidées ayant une certaine hauteur (*Cattleya, Laelia, Vanda...*) ou un feuillage très conséquent par rapport au volume des racines. Le tuteur sera éventuellement ôté lorsque les racines seront suffisamment ancrées dans le pot pour remplir leur fonction naturelle de maintien de la plante.
Le tuteurage des orchidées monopodiales (*Vanda*, *Angraecum,* etc.) consiste à placer le tuteur contre la tige pour la maintenir à la verticale. Il doit être piqué jusqu'au fond du pot, et arrimé à la plante par des liens. Celui des orchidées sympodiales impose une certaine prudence quant aux jeunes pousses : le tuteur ne doit ni les blesser, ni gêner leur développement, pour cela, il suffit de le placer contre un ancien pseudobulbe. Plusieurs tuteurs sont parfois nécessaires. Ne jamais piquer un tuteur contre les parois du pot.

Orchidées monopodiales :

Il faut maintenir la plante au centre du pot, et légèrement surélevée par rapport au bord supérieur du contenant.

Résultat : le *Phalaenopsis*, ci-dessus, est correctement centré dans son pot.

▸ APRÈS LE REMPOTAGE

Le rempotage est un choc pour la plante qui va mettre quelques semaines à récupérer. Le premier écueil à éviter est de l'arroser. Aussi bizarre que cela puisse paraître, il va falloir attendre 10 à 15 jours, avant de reprendre les arrosages, et suspendre les apports d'engrais pendant un mois, le temps que les nouvelles racines commencent à bien se développer. Cette pénitence a également pour but de permettre une complète cicatrisation des plaies et de préserver la plante des éventuelles infections bactériennes ou fongiques favorisées par l'eau. Afin de compenser l'absence d'arrosages, il est indispensable de faire des vaporisations quotidiennes et matinales de l'envers des feuilles et de la surface du compost, et d'éviter que la plante ne soit exposée à des températures excessives qui favoriseraient sa déshydratation. La plante doit être maintenue dans un lieu lumineux et protégée du soleil. Le maintien au sec doit être observé avec prudence ; dans certains cas, notamment lorsque les journées sont anormalement chaudes, ou lorsqu'il s'agit d'orchidées détestant la sécheresse autour de leurs racines (*Phragmipedium*, *Paphiopedilum*, *Paphinia*...), il sera compensé par de légers bassinages (passages rapides d'eau à la surface du substrat).

CE QU'IL FAUT RETENIR SUR LE REMPOTAGE

- Ne pas rempoter en hiver ou lorsque la plante est fleurie.
- Supprimer les racines abîmées, ou trop nombreuses.
- Utiliser des pots dont le volume est adapté à celui des racines.
- Attendre quelque temps avant de reprendre les arrosages.
- Utiliser un substrat spécifique aux orchidées.

L'ENGRAIS

En culture, la pauvreté du substrat et de l'eau doit impérativement être corrigée par des apports d'engrais réguliers qui procureront à la plante les éléments indispensables à sa croissance et à ses floraisons. Ce sont les éléments fertilisants :

l'azote (N) qui favorise la végétation de la plante ; le phosphore (P) qui stimule la formation des hampes florales ; et la potasse (K) qui renforce la plante et améliore ses défenses contre les maladies. Ces trois éléments sont capitaux, et doivent être donnés en « grande quantité ».
Viennent ensuite des éléments d'une importance mineure, mais utiles en quantité infinitésimale pour compenser les éventuelles carences de l'eau et du substrat. Ils agissent en qualité de catalyseurs du métabolisme général de la plante. Ce sont les éléments minéraux : le magnésium (Mg), le calcium (Ca), et le souffre (S) et les oligo-éléments : Le fer (F), le manganèse (Mn), le bore (Bo), le cuivre (Cu), le zinc (Zn), et le molybdène (Mo). L'inexistence des apports d'engrais explique 80 % des échecs de floraison et peut être la cause de graves carences.

▸ QUEL ENGRAIS CHOISIR ?

Ne cherchez pas à acquérir les engrais les plus riches « en tout », dans l'espoir d'obtenir des résultats miraculeux, cela peut leur être fatal, s'ils sont mal dosés ! Le métabolisme des orchidées est lent, elles ont donc besoin d'un apport régulier en engrais faiblement dosés. Pour répondre à leur sensibilité, dirigez-vous vers les engrais spécialement conçus à leur intention.
Dans le commerce, vous trouverez différents types de fertilisants. Certains seront sous forme de liquide à ajouter à l'eau d'arrosage, d'autres sous forme de poudre à diluer et à pulvériser sur le feuillage et les racines. Ces derniers appelés engrais foliaires, sont plus efficaces, car le feuillage constitue une surface d'absorption plus importante. Les engrais les plus courants, sont les engrais dits équilibrés, qui fournissent l'azote, le phosphore et la potasse en proportions égales et favorisent à la fois la croissance et la floraison de la plante. Moins courants, ceux vendus sous la forme de deux poudres ou liquides différents, l'un riche en azote et en potasse (par exemple N – P – K = 15 % – 10 % – 15 %) pour favoriser le développement

▾ *Phalaenopsis* hybride

végétatif de la plante, l'autre riche en phosphore et en potasse (par exemple N – P – K = 8 % – 12 % – 24 %) pour stimuler la floraison et augmenter le nombre de fleurs. Particulièrement recommandés pour les cultures sur substrat à base d'écorce, ils peuvent s'utiliser de deux façons différentes, aussi efficaces l'une que l'autre : si vous n'avez qu'un ou deux genres en culture, vous pouvez appuyer le développement de la plante en lui donnant de « l'engrais croissance » pendant les 5 à 6 mois où elle développe ses nouvelles pousses et racines ; ensuite, passez à « l'engrais floraison » pour l'initiation des hampes florales. L'autre façon de les utiliser consiste à donner l'un et l'autre en alternance tout au long de l'année, quelles que soient les périodes de végétation et de floraison. L'équilibre entres ces deux engrais doit être respecté, et ne doit jamais faire place à la tentation d'augmenter les apports en engrais floraison dans l'espoir d'obtenir une abondance de fleurs.

▸ COMMENT GÉRER LES APPORTS D'ENGRAIS ?

En ce qui concerne la fertilisation, il existe deux règles d'or auxquelles il ne faut jamais déroger : la première est de toujours faire précéder l'apport d'engrais par un arrosage à l'eau claire qui sera fait la veille. La seconde est que chaque administration de fertilisant doit être suivie d'au moins un ou deux arrosages à l'eau claire. Tous les engrais recèlent des microcristaux que la plante n'assimile pas. À terme, ils s'accumulent dans le substrat, brûlent et détruisent les racines. Les arrosages ont alors, au-delà de leur fonction d'hydratation, une mission de lavage. Les engrais doivent être apportés toute l'année, quelle que soit la saison, à raison d'un arrosage sur trois. Seules les orchidées soumises à une période de repos doivent en être privées.

CE QU'IL FAUT RETENIR SUR LES ENGRAIS

- Ne jamais donner d'engrais à une plante qui n'a pas été arrosée.
- Un apport d'engrais doit être suivi, par au moins un arrosage à l'eau claire.
- Stopper les apports d'engrais pendant les éventuelles périodes de repos.
- Après le rempotage, attendre trois semaines avant de fertiliser.

LA CULTURE SUR PLAQUE

Ce type de culture tend à plaire de plus en plus, car il reste naturel par rapport à la culture en pot, et respecte les conditions naturelles de vie de la majorité des orchidées exotiques. Comme tout type de culture, il a ses avantages et ses inconvénients...

▸ LES AVANTAGES DE LA CULTURE SUR PLAQUE :

- Elle est pratique car elle permet d'utiliser des espaces que l'on n'utiliserait pas autrement en accrochant par exemple la plante fixée sur un morceau de bois, sur le tuteur d'une orchidée en pot, sur un mur recouvert de grillage dans une véranda, sur un fil... En fait on cultive la plante dans l'espace et non sur quelque chose. Mais attention, l'endroit doit être propice aux arrosages et aux vaporisations !
- Elle est esthétique.
- Elle est rassurante et instructive car on voit bien les racines et on contrôle mieux les besoins d'eau et d'humidité de la plante.
- Certains genres qui endurent mal les excès d'arrosages (*Oncidium, Psychopsis, Laelia, Trichocentrum*, certains *Bulbophyllum*...) se cultiveront plus facilement sur plaque.
- Une belle branche de bois neutre peut être habillée d'orchidées (de préférence miniatures) et se transformer en jolie présentation dans une véranda ou une serre.

▲ *Dendrobium jenkinsii*, quoi de plus naturel, et de plus esthétique qu'une orchidée cultivée sur une plaque de liège ?

▸ LES INCONVÉNIENTS DE LA CULTURE SUR PLAQUE :

- La culture sur plaque suppose que l'on puisse disposer d'un endroit lumineux et humide (70 % d'hygrométrie minimum) où l'on peut (sans contraintes) vaporiser et arroser, autant de fois que nécessaire.
- Elle demande du temps car les arrosages ou les vaporisations doivent être quasi quotidiens si l'ambiance est sèche.

- La plupart des orchidées étant vendues en pot, il est nécessaire de les transposer soit même du pot vers le support en bois ou en chêne-liège.

▸ L'ENDROIT IDÉAL POUR UNE CULTURE SUR PLAQUE

La principale difficulté de la culture sur plaque réside dans le fait qu'il faut que la ou les plantes soient cultivées dans un endroit où le taux d'humidité avoisine constamment les 70 %. En l'absence de serre ou de véranda, la salle de bain, si elle est lumineuse, reste l'endroit le mieux approprié à ce type de culture. Il existe une alternative qui consiste à transformer un aquarium ou un terrarium en mini-serre pour orchidées miniatures de climat chaud ou tempéré chaud. Par contre, l'humidité y sera naturellement élevée, parfois trop. Pour éviter tout problème, je vous conseille de ventiler à l'aide d'un ventilateur d'ordinateur par exemple.

▸ COMMENT TRANSFÉRER UNE ORCHIDÉE EN POT VERS UN SUPPORT EN CHÊNE-LIÈGE OU EN BOIS ?

Le bon moment

Les bonnes conditions sont quasiment les mêmes que celles que l'on recommande pour effectuer un rempotage classique : la plante ne doit pas être en fleurs, mais en pleine activité végétative : c'est-à-dire que l'on doit voir apparaître de nouvelles pousses ou de nouvelles racines. Éviter l'hiver ou les périodes de canicules et ne pas s'aventurer à dépoter une orchidée qui vient juste d'être rempotée pour la placer une plaque de bois. D'autre part, plus les plantes sont âgées, plus leur capacité à s'adapter à un environnement très différent s'amenuise. Il est donc vivement déconseillé de placer sur une plaque de liège ou de bois neutre une plante qui est cultivée dans un pot depuis longtemps. À l'inverse, les jeunes plantes s'adapteront parfaitement bien.

▸ *Laelia anceps,* magnifique orchidée sud-américaine, se cultive en pot, ou comme ici sur plaque, en compagnie des *cattleyas.*

Le bon support et la bonne fixation

Le support idéal reste l'écorce de chêne-liège car il est tendre, léger et ne se décompose pas. Néanmoins tout autre bois,

▲ *Aerangis rhodostica* synonyme de *Aerangis lutea alba*. Espèce idéale pour une culture sur plaque.

pour peu qu'il soit propre et neutre, convient.

Pour fixer la plante, on peut utiliser de la ficelle ou tout autre lien qui ne risque pas de blesser la plante. Pour ma part, plutôt que de jeter des collants ou des bas usés, je conseille d'y couper des lanières. La matière est résistante, douce, et souple.

Placer la plante sur son support

Dépoter la plante et débarrasser les racines de tout résidu de compost. À l'aide un sécateur ou de ciseaux stérilisés, couper celles qui sont abîmées.

Poser le support qui doit recevoir la plante, à plat. Y mettre là où l'orchidée sera placée, un peu de mousse de sphagnum qui aidera les racines à se développer et qui maintiendra un peu d'humidité. Placer la plante. S'il s'agit d'une orchidée à pseudobulbes, veiller à ce que les futures pousses ne viennent pas se développer directement contre la plaque car elles seraient gênées dans leur formation. S'il s'agit d'une orchidée dépourvue de pseudobulbes, respecter le mouvement naturel de la plante qui tend à orienter ses feuilles vers l'extérieur et vers le bas. Avec le temps elle s'inclinera comme elle le ferait sur un tronc d'arbre dans son pays d'origine. Cette position permet à l'eau de ruisseler sur les feuilles et évite qu'elle stagne au cœur de la plante.

Fixer la plante en passant un lien entre les pseudobulbes ou sous les feuilles. Faire en sorte que la plante ne puisse pas bouger sur son support, tout en veillant à ne pas « l'étrangler ». Suspendre la plaque.

ARROSAGES ET VAPORISATIONS DES ORCHIDÉES CULTIVÉES SUR PLAQUE

En milieu humide, il n'est pas nécessaire d'arroser et de vaporiser tous les jours. Le sphagnum est un bon point de repère (il ne doit pas être sec). En milieu sec, il est conseillé de vaporiser les plantes sur plaque tous les jours, et de les arroser par trempage tous les 2 à 3 jours selon les conditions et le stade de la végétation.
Les racines doivent être blanches ou argentées, et les feuilles bien vertes après un arrosage.

TOUS LES GENRES D'ORCHIDÉES PEUVENT-ILS ÊTRE CULTIVÉS AINSI ?

Oui, s'ils sont naturellement épiphytes. Par exemple, les *Paphiopedilum* ne se cultivent pas sur plaque mais exclusivement en pot. Pour débuter une petite collection d'orchidées sur plaque, je conseillerais de commencer par des *Phalaenopsis* botaniques, ou par certains *Aerangis*.

DOIT ON CHANGER LA PLAQUE AU FUR ET À MESURE QUE LA PLANTE SE DÉVELOPPE ?

Dans l'absolu, il faut prévoir que la plante reste sur la même plaque pendant de nombreuses années, car changer de support ne présente pas d'intérêt particulier.
De manière générale, si une orchidée se plaît sur son support, ses racines recouvrent peu à peu toute la plaque et l'arriment avec force sur celle-ci.
En ce qui concerne les orchidées sympodiales, les pseudobulbes recouvrent peu à peu la plaque qui finit par disparaître au centre de la plante. Cela ne pose aucun problème jusqu'au moment où la plante devient trop importante, et qu'elle se trouve à devoir se développer sans pouvoir fixer ses racines sur un support. Dans ce cas, on voit très vite que les vieux pseudobulbes « font écran » entre la plaque et les pseudobulbes récents, il n'est alors pas difficile de décrocher la plante, et de la placer sur un nouveau support en ayant pris soin de l'avoir débarrassée de ses vieux pseudobulbes. Cette opération peut aussi être l'occasion d'une division de plante.

LA CULTURE EN VASE TRANSPARENT

Depuis quelques années, ont voit des orchidées, notamment des *Vanda* vendus en vase. Initialement simple objet de décoration, le vase est devenu une aide à la culture de certaines orchidées. J'avoue avoir été moi-même assez dubitative concernant cette culture… Mais, force est de constater que certaines orchidées vivent très bien en vase.

◂ *Ascocenda* 'Princess Mikassa', orchidée possédant de grosses racines, se prête bien à la culture en vase.

▸ PEUT-ON CULTIVER TOUTES LES ORCHIDÉES EN VASE ?

Non. Il s'avère que seules les orchidées à grosses racines s'y plaisent *(Vanda, Phalaenopsis,* certains *Angraecum, Vandopsis, Renanthera, Ascocenda, Plectrelminthus…)*

▸ QUELS SONT LES AVANTAGES DE LA CULTURE EN VASE ?

Le vase est, à mon avis, un compromis entre la culture en pot et la culture sans pot pour les orchidées à grosses racines qui exigent beaucoup d'humidité. Par exemple, les personnes qui n'ont pas les conditions pour cultiver un *Vanda* sans pot (simplement accroché avec les racines apparentes) pourront plus facilement le cultiver dans un vase. Le vase permet de maintenir une bonne humidité autour des racines. Il est plus esthétique qu'un pot.

▸ COMMENT ARROSER UNE ORCHIDÉE CULTIVÉE DANS UN VASE ?

Il faut, 2 à 3 fois par semaine en moyenne, remplir le vase d'eau, de manière à immerger les racines. Ne pas dépasser leur point de départ (collet) sous les feuilles. Attendre 10 à 15 minutes et vider intégralement l'eau. En dehors des arrosages, vaporiser les racines tous les jours si l'ambiance est sèche.

▸ QUEL TYPE DE VASE CHOISIR ?

Le vase doit être en verre transparent non coloré. Les racines ne doivent pas être comprimées dans le vase. Les feuilles doivent rester au-dessus du vase.

FICHES DE CULTURE PAR GENRE

ORCHIDÉES
exotiques

Les fiches de cultures ci-après présentent les genres d'orchidées les plus importants pour la culture en intérieur. Les autres genres, dont la culture est identique aux plantes présentées, sont indiqués en fin de fiche et dans l'index.

◂ *Odontoglossum* hybride

Aerangis

Des fleurs gracieuses à la jolie forme étoilée, et au parfum nocturne enchanteur… La plupart de ces petites merveilles malgaches et africaines sont d'une culture facile en appartement.

▾ *Aerangis curnowiana*

▸ PRÉSENTATION GÉNÉRALE DU GENRE

– **Facilité de culture :** Facile. La plupart des *Aerangis* exigent des conditions comparables à celles requises par les *Phalaenopsis*.
– **Période de floraison** : Variable selon les espèces, printemps, été, automne.
– **Durée de la floraison :** 1 mois environ.
– **Particularités :** Fleurs blanches, ou ivoires, parfois rosées, ou marquées d'un point de couleur vive en leur centre. Toutes ont la particularité d'être munies d'un éperon, au fond duquel se trouve le nectar.
La plupart des *Aerangis* sont miniatures.
– **Origine géographique et vie en milieu naturel :** Ce genre compte environ 70 espèces épiphytes, originaires de l'Afrique tropicale et de Madagascar.
La majorité des *Aerangis* vivent dans des forêts denses, à des altitudes peu élevées, où les pluies sont régulières toute l'année.
– **Climat :** Chaud ou tempéré.

▸ CONDITIONS PARTICULIÈRES DE CULTURE

– **Température :** 18 à 35 °C le jour, et 15 à 25 °C la nuit. Avec, un écart jour-nuit de 3 à 5 °C.
– **Lumière :** Les espèces à feuilles tendres et vert foncé (*A. citrata, clavigera, rhodosticta, biloba…*), craignent une forte luminosité ; une fenêtre au nord leur convient.
À l'inverse, celles aux feuilles épaisses (*A. platyphylla, modesta, articulata, cryptodon, ellisii…*) requièrent une lumière plus vive, et doivent être placées au sud, tout en

étant protégées
du soleil direct de mars à fin octobre.

- **Eau :** Non calcaire.
- **Arrosages :** Réguliers toute l'année. La petite taille des pots suppose des arrosages assez fréquents.
- **Hygrométrie :** 60 à 80 %. Très sensibles à la sécheresse de l'air, les *Aerangis* doivent être vaporisés tous les jours, sous les feuilles, sur les racines, et installés au-dessus de bacs remplis d'eau. Éviter l'eau au cœur de la plante.
- **Période de repos :** Inexistante.
- **Rempotage :** Tous les deux ans, au printemps, et de préférence lorsque la plante développe une nouvelle couronne de racines. Leur petite taille et le port retombant de leurs inflorescences, s'harmonisent parfaitement avec la culture sur plaque de liège.
- **Substrat conseillé :** Écorce de pin et argile expansée. De fine granulométrie pour les petites espèces, et moyenne pour les plus importantes.
- **Engrais :** Équilibré toute l'année. Tous les 15 jours de février à novembre, et toutes les 3 semaines en décembre et janvier.
- **Précautions :** En présence d'un taux d'humidité élevé, veiller à bien ventiler, afin d'éviter l'apparition de tâches sur les feuilles.
- **Genre de culture identique :** *Chameangis, Diaphanante, Œoniella, Cryptopus, Œonia.*

▲ *Aerangis modesta*

Angraecum

Un très beau genre aux fleurs qui exhalent un merveilleux parfum nocturne. Les floraisons souvent hivernales ou printanières sont absolument spectaculaires.

PRÉSENTATION GÉNÉRALE DU GENRE

- **Facilité de culture :** Genre moyennement facile.
- **Période de floraison :** Automne, hiver et printemps.
- **Durée de la floraison :** 1 à 2 mois.
- **Particularités :** Fleurs blanches, ivoires, ou vertes, très parfumées dès la tombée de la nuit et toujours prolongées par un éperon, au fond duquel se cache le nectar. Labelle plus large que toute autre division de la fleur, et toujours de couleur blanche ou ivoire.

- Origine géographique et vie en milieu naturel : ce genre compte environ 200 espèces, dont 125 endémiques de Madagascar. L'Afrique tropicale, les Comores, et Nosy Bé abritent les 75 autres. Les *Angraecum* vivent à des altitudes variables (100 à 2000 mètres) ; bien que de rares exceptions soient épilithes, ou semi-terrestres, ils sont généralement épiphytes.
- **Climat :** Chaud, tempéré, et froid.

▸ CONDITIONS PARTICULIÈRES DE CULTURE

- **Températures :** En dépit de la diversité des climats qu'ils rencontrent en milieu naturel, la plupart des *Angraecum* se cultivent en milieu tempéré : 18 à 28 °C le jour ; 13 à 16 °C la nuit, avec un écart jour-nuit de 5 à 8 °C.
- **Lumière :** Ils requièrent de la lumière en abondance, craignent le soleil direct entre 12 h et 18 h de mars à novembre, et préfèrent une situation ensoleillée en hiver.
- **Eau :** Non calcaire.
- **Arrosages :** Réguliers toute l'année, en laissant le pot s'alléger entre chaque arrosage.
- **Hygrométrie :** 70 à 80 %. Brumiser le dessous des feuilles tous les jours, et placer la plante au-dessus d'un récipient rempli d'eau.
- **Période de repos :** Inexistante.
- **Rempotage :** Ils n'apprécient pas beaucoup les rempotages ! Néanmoins, ceux-ci doivent être pratiqués tous les deux ans, impérativement au moment où la plante développe une couronne de racines. Après le rempotage, attendre deux semaines avant de reprendre les arrosages, mais les remplacer par de légers bassinages de la surface du compost (tous les 2 à 3 jours). L'utilisation de pots en terre est conseillée pour les fortes plantes.
- **Substrat conseillé :** Écorce de pin et argile expansée de grosse granulométrie pour les grandes plantes, et de moyenne granulométrie pour les espèces de taille moyenne ou petite.
- **Engrais :** Un engrais équilibré, toute l'année, qui peut être remplacé par un engrais riche en phosphore et en potasse pendant les 4 mois qui précèdent la période de floraison. Tous les 15 jours, sauf en hiver : toutes les 3 semaines.
- **Précautions :** Veiller à ce qu'il n'y ait pas de stagnation d'eau au point d'attache des feuilles sur la tige. Bien ventiler lorsque l'atmosphère est très humide.
- **Genres de culture identique** : *Jumellea, Aeranthes, Sobennikoffia, Tridactyle, Cyrtorchis.*

▲ *Angraecum expansum*

◂ *Angraecum longicalcar*, une espèce en voie de disparition à Madagascar, mais sauvegardée grâce à la technique de la multiplication *in vitro*.

Brassia

Genre aux fleurs fascinantes de par leur taille et leur forme. Il intéresse tout particulièrement les amateurs de fleurs aux formes arachnéennes.

▼▶ *Brassia* (magnifique hybride entre *Brassia lanceana* et *Brassia verrucosa*.)

▶ PRÉSENTATION GÉNÉRALE DU GENRE

- **Facilité de culture:** Moyenne.
- **Période de floraison:** Variable selon l'espèce. Principalement en automne, en hiver ou au printemps.
- **Durée de la floraison:** 4 à 6 semaines.
- **Particularités:** Fleurs souvent parfumées aux divisions parfois étonnement longues.
- **Origine géographique et vie en milieu naturel:** Brésil, Pérou, Costa Rica, Mexique, Guatemala, Équateur, Panama sont les pays qui abritent dans leurs forêts tropicales la plupart des espèces de *Brassia*. Ils y vivent principalement sur les arbres moussus, depuis le niveau de la mer jusque 1 800 m d'altitude. Ils y subissent des pluies abondantes au printemps et en été, qui se raréfient ensuite.
- **Climat:** Tempéré, tempéré chaud, ou tempéré frais.

▶ CONDITIONS PARTICULIÈRES DE CULTURE

- **Températures:** 18 à 25 °C le jour, 13 à 16 °C la nuit, avec un écart jour-nuit de 5 à 10 °C.
- **Lumière:** Les *Brassia* demandent beaucoup de lumière pour fleurir. Une exposition au sud est indispensable, en particulier en hiver. Ils craignent le soleil direct aux heures chaudes de la journée pendant les mois à risques (mars à novembre). Il est conseillé, dans la mesure du possible, de les cultiver à l'extérieur de juin à septembre.
- **Eau:** Non calcaire.
- **Arrosages:** Abondants et réguliers pendant toute la période de formation des nouveaux pseudobulbes. Lorsque ceux-ci sont totalement formés, espacer les arrosages en laissant le pot bien s'alléger entre chaque apport d'eau. Veiller à ce que

les nouveaux pseudobulbes ne se rident pas. Si tel est le cas, augmenter la fréquence des arrosages.

- **Hygrométrie :** 70 à 80 % avec une bonne ventilation.
- **Période de repos :** Elle se traduit plutôt par une diminution des arrosages à la fin de la formation des nouveaux pseudobulbes.
- **Rempotage :** Tous les 2 ans, au moment où les nouvelles pousses apparaissent à la base des pseudobulbes déjà formés. Éviter de rempoter en hiver, ou en période de forte chaleur.
- **Substrat conseillé** : Un compost de moyenne granulométrie à base d'écorces de pin et d'argile expansée. On peut y ajouter du sphagnum à raison de : 1/3 de mousse de sphagnum et 2/3 de compost.
- **Engrais :** Pendant toute la phase de végétation, donner un engrais équilibré au rythme de un arrosage sur deux ou un arrosage sur trois. Suspendre les engrais pendant la « pseudo période de repos ».
- **Précautions particulières :** Lorsque les nouvelles pousses se forment, un manque d'eau peut provoquer une malformation de celles-ci qui se plissent. Certains *Brassia*, comme le *Brassia verrucosa* ou Rex exigent des écarts de températures assez importants (8 à 10 °C) pour bien fleurir ainsi que beaucoup de lumière.

Cambria

Le nom de Cambria ne correspond pas à un genre botanique d'orchidées. Par contre, il est devenu à force d'utilisation un nom d'orchidée courant. On regroupe dans ce genre, de nombreux hybrides tels que les *Vuylstekeara* et les *Burrageara*.

PRÉSENTATION GÉNÉRALE DU GENRE

- **Facilité de culture :** Genre facile de culture, mais à éviter si l'on n'a pas la possibilité de placer la plante dans un jardin ou sur un balcon protégé en été.
- **Période de floraison :** Variable selon l'hybride.
- **Durée de la floraison :** 4 à 6 semaines dans un environnement assez frais.
- **Particularités :** Certains hybrides sont délicatement parfumés (*Burrageara* 'Nelly Issler' par exemple).
- **Climat :** Froid ou tempéré froid.

CONDITIONS PARTICULIÈRES DE CULTURE

- **Températures :** 15 à 25 °C le jour, 9 à 14 °C la nuit avec un écart de température jour-nuit de 8 à 10 °C. Il est recommandé de les cultiver à l'extérieur de juin à septembre, et de les placer dans une pièce peu chauffée et très lumineuse en hiver. En été lorsque la température excède les 25 °C, veiller à bien ombrer les plantes aux heures chaudes de la journée et à les placer dans un endroit bien ventilé. Arroser plus fréquemment, et brumiser le feuillage le soir.
- **Lumière :** Les *Cambria* demandent une lumière vive pour fleurir, mais craignent le soleil direct aux heures chaudes de la journée entre mars et novembre. Il est alors préférable de les placer à l'est afin qu'ils bénéficient des rayons du soleil matinal sans risques de brûlure. En hiver, il convient de les placer à 20 ou 30 cm maximum d'une fenêtre orientée vers le sud, sans voilage.
- **Eau** : Non calcaire.
- **Arrosages :** Abondants et réguliers dès que les nouvelles pousses apparaissent à la base des anciens pseudobulbes. Laisser le compost légèrement sécher entre chaque arrosage, mais sans excès. Lorsque les pseudobulbes sont bien formés, espacer les arrosages, en laissant le pot s'alléger entre les apports d'eau.
- **Hygrométrie :** 70 à 80 % avec une bonne ventilation. Les *Cambria* sont des plantes qui aiment l'humidité ambiante. Les espèces qui sont à l'origine de ces plantes vivent en altitude dans des conditions très humides. Il est donc très important, lorsqu'ils sont cultivés à

▼ *Burrageara*, 'Nelly Issler', à fleurs parfumées.

l'intérieur, ou lorsqu'il fait chaud et sec, de vaporiser leur feuillage et la surface du compost quotidiennement, voire matin et soir lorsque la température est supérieure à 25 °C et que l'air est sec. Veiller à ne pas mouiller les jeunes pousses.

- **Période de repos :** Elle se traduit plutôt par une diminution des arrosages à la fin de la formation des nouveaux pseudobulbes.
- **Rempotage :** Tous les 2 ans, lorsque les jeunes pousses apparaissent à la base des anciens pseudobulbes. Il est préférable d'éviter les périodes chaudes de l'été. Après le rempotage, suspendre les arrosages pendant une dizaine de jours, et les remplacer par des bassinages légers de la surface du compost. Maintenir une bonne hygrométrie autour de la plante. L'utilisation de pots en terre est recommandée.
- **Substrat conseillé** : De fine ou de moyenne granulométrie, composé d'argile expansée et d'écorces de pin. On peut aussi y ajouter de la mousse de sphagnum : un mélange composé de 1/3 de sphagnum et 2/3 de compost convient parfaitement. Le compost de moyenne granulométrie est recommandé pour les grosses plantes.
- **Engrais :** Pendant toute la phase de végétation, donner un engrais équilibré au rythme de un arrosage sur deux ou un arrosage sur trois.
- **Précautions particulières :** Les nouveaux pseudobulbes doivent rester gonflés : s'ils se rident, cela indique que la plante se déshydrate (Voir « Déshydratation : causes, symptômes, et traitement » p. 32). Lorsque les nouvelles pousses se forment, des arrosages insuffisants peuvent gêner leur développement et provoquer une malformation (pousses plissées ou en « accordéon »). Une forte luminosité provoque un rougissement du feuillage. Afin de savoir si votre plante ne subit pas trop de soleil, il suffit de tâter son feuillage : celui-ci ne doit pas être chaud. Lorsque la plante est fleurie, éviter de la placer dans une pièce trop chauffée pour avoir une floraison aussi longue que possible.

▼ *Vuylstekeara*

Cattleya

Souvent surnommé « reine des orchidées », le cattleya était l'orchidée en vogue au XIXe siècle. Sa culture demande une certaine expérience.

▾ *Sophrolaeliocattleya Roblar* 'Orange Gem', un hybride qui doit la couleur chatoyante de ses fleurs à la présence du *sophronitis* parmi ses ascendants.

▸ PRÉSENTATION GÉNÉRALE DU GENRE

– **Facilité de culture :** L'irrésistible beauté de leurs fleurs vaut bien la peine, que l'on apprivoise d'abord une orchidée plus facile avant de dompter leur culture…
– **Période de floraison :** Elle varie selon les espèces ou les hybrides qui fleurissent principalement au printemps, en été, et en automne.
– **Durée de la floraison :** 2 à 3 semaines maximum.
– **Particularités :** Les fleurs se forment à l'intérieur d'une enveloppe qui protège leur croissance ; appelée « spathe », elle se développe au point d'attache de la feuille sur le pseudobulbe. On distingue deux groupes de *Cattleya* : les *Cattleya* bifoliés aux nombreuses fleurs de petite taille, se présentant en grappe érigée ; et les *Cattleya* unifoliés aux très grandes fleurs, disposées par deux ou trois sur les inflorescences. Les *Cattleya* sont souvent parfumés.
– **Origine géographique et vie en milieu naturel :** Ils vivent sur les arbres, en bordure de forêt dans les montagnes de l'Amérique centrale et tropicale ; ils se rencontrent entre 600 et 1 200 mètres d'altitude. Soumis à une lumière

très vive le matin, les nuages et le feuillage des arbres, les protègent des méfaits du soleil. La nuit, la plante profite à la fois de la fraîcheur liée à l'altitude et de la très importante teneur en humidité de l'air. Il existe une saison dite sèche pendant laquelle les pluies se raréfient, sans pour autant s'arrêter.

– **Climat :** Tempéré.

▸ CONDITIONS PARTICULIÈRES DE CULTURE

– **Température :** 18 à 28 °C le jour, 13 à 16 °C la nuit, avec une amplitude thermique de 5 à 7 °C. Ils peuvent être cultivés à l'extérieur en été.

– **Lumière :** La culture des *Cattleya* suppose une grande abondance de lumière, sans soleil direct (excepté le matin tôt, et en hiver). Une fenêtre orientée vers le sud, est la meilleure place que vous pouvez leur offrir, à condition qu'elle soit pourvue d'un voilage, pour la protection du feuillage contre les brûlures. Si la quantité de lumière est importante, le temps d'éclairement l'est également car il peut influer sur leur floraison. En effet, en milieu naturel, du fait de la proximité de l'équateur, ils sont constamment soumis à 12 h de jour, et 12 h de nuit. Si cette équivalence n'est pas respectée, une absence de floraison peut s'expliquer. Il faut donc éviter de leur imposer des temps d'éclairement disproportionnés, et se méfier des éclairages extérieurs (enseignes, réverbères, etc.) auxquels on ne pense pas toujours.

▲ *Laeliocattleya* 'Mely'

▲ *Cattleya dowiana,* une espèce très recherchée par les amateurs, et utilisée par les professionnels dans leurs programmes d'hybridation.

▸ Gros plan sur l'un des plus beaux labelles d'orchidée. Ici labelle de *Cattleya* hybride.

– **Eau :** Non calcaire.
– **Arrosages :** Voici un point délicat, car les *Cattleya* sont extrêmement sensibles à la pourriture des racines. Dès que les pousses naissent à la base des pseudobulbes arroser copieusement, et régulièrement. Ne renouveler l'opération que lorsque le pot est léger. Quand les pseudobulbes sont formés, espacer les apports d'eau, tout en surveillant leur volume, qui ne doit pas diminuer. Les *Cattleya* bifoliés, possèdent moins de réserves que les unifoliés.
– **Hygrométrie :** Elle doit avoisiner les 70 à 80 % toute l'année. L'entretenir par des brumisations quotidiennes et matinales du feuillage, et en plaçant la plante au-dessus d'un récipient rempli d'eau. Lorsqu'il fait très chaud, les *Cattleya* souffrent d'une forte évaporation de l'eau par les feuilles, dans ce cas, ne pas hésiter à brumiser leur feuillage le soir.
– **Période de repos :** Elle consiste à diminuer les arrosages.
– **Rempotage :** Tous les deux ans, impérativement lorsque la plante émet de nouvelles pousses. Attendre que les racines pointent dans le compost avant de reprendre les arrosages, et compenser cette diète par des vaporisations quotidiennes de la surface du compost et du feuillage. Afin de pallier au risque de pourriture des racines, l'utilisation de pots en terre, ou de pots ajourés, est très recommandée.
– **Substrat conseillé :** Écorce de pin de grosse granulométrie, et argile expansée, afin d'optimiser le drainage de l'eau et la circulation de l'air parmi les racines.
– **Engrais :** Toute l'année. Riche en azote et en potasse au départ des nouvelles pousses, remplacé par un engrais riche en phosphore lorsqu'elles atteignent la moitié de leur taille. Alterner chaque fertilisation avec deux arrosages à l'eau claire.
– **Précautions :** Les *Cattleya* sont les « hôtes » très appréciés de certains parasites, tels que les cochenilles farineuses, qui ont le don de se cacher entre le pseudobulbe, et la gaine qui le recouvre. Leur présence est souvent insidieuse, et ne se révèle que lorsque leur population est débordante !!! N'hésitez pas à décoller cette « peau sèche » qui recouvre les pseudobulbes, pour vous assurez de l'inexistence de parasites.

Cochleanthes

Une catégorie d'orchidées parfaite pour les débutants qui souhaitent constituer une collection originale. Ils sont faciles de culture, et fleurissent souvent plusieurs fois par an.

▾ *Cochleanthes amazonica*

▸ PRÉSENTATION GÉNÉRALE DU GENRE

– **Facilité de culture :** Genre très facile, idéal pour la culture en appartement.
– **Période de floraison :** Printemps, été, automne.
– **Durée de la floraison :** 2 à 3 semaines.
– **Particularités :** Fleurs parfumées, plantes miniatures. Plusieurs floraisons annuelles.
– **Origine géographique et vie en milieu naturel** : Forêts denses et humides du Costa Rica, du Pérou et de la Colombie, à des altitudes comprises entre 500 m et 1 200 m.
– **Climat :** Chaud ou tempéré.

▸ CONDITIONS PARTICULIÈRES DE CULTURE

– **Température** : 18 °C à 30 °C le jour, 16 °C à 25 °C la nuit, et un écart jour-nuit de 2 °C à 5 °C.
– **Lumière :** Toutes les expositions conviennent. Craignent la lumière vive et le soleil direct.
– **Eau :** Non calcaire.
– **Arrosages :** Réguliers toute l'année, avec une légère atténuation pendant la phase la moins active de la végétation. Ne pas mouiller le feuillage, en particulier celui des jeunes pousses.
– **Hygrométrie :** 60 à 65 %. Brumisations particulièrement légères, sous les feuilles. Le principe du bac d'eau placé sous les plantes est préférable.
– **Période de repos :** Inexistante.
– **Rempotage :** Lorsque les nouvelles pousses se développent. Tous les deux ans.
– **Substrat conseillé :** Écorce de pin et argile expansée ; de fine ou moyenne granulométrie, selon l'âge de la plante. La culture sur plaque de liège convient parfaitement.
– **Engrais :** Équilibré, tous les 15 jours, toute l'année.
– **Précautions particulières :** Sensibles aux pourritures du feuillage si l'hygrométrie est élevé, dans ce cas ventiler.
– **Genres ayant la même culture :** *Pescatorea, Bollea, Pescatobollea, Huntleya.*

Coelogyne

▸ PRÉSENTATION GÉNÉRALE DU GENRE

- **Facilité de culture :** Facile pour les espèces de climat chaud, tempéré chaud ou tempéré. Moyenne pour celles de climat froid en raison des écarts de températures importants qu'elles doivent subir.
- **Période de floraison :** Variable selon les espèces.
- **Durée de la floraison** : 3 à 8 semaines.
- **Particularités :** Le relief souvent coloré qui orne le labelle de la fleur. On le surnomme « crête ». Certaines espèces ont des inflorescences très longues, fines et souples faisant penser aux colliers de fleurs que l'on voit dans certains pays.
- **Origine géographique et vie en milieu naturel :** On trouve les *Coelogyne* dans toute l'Asie du sud est, en Inde, en Chine et dans les Iles du Pacifique. Majoritairement épiphytes, elles peuvent aussi être terrestres ou lithophytes. Elles vivent dans les forêts humides depuis le niveau de la mer jusque 2 600 m d'altitude.
- **Climat :** Chaud, tempéré ou froid.

▸ CONDITIONS PARTICULIÈRES DE CULTURE

- **Températures pour les *Coelogyne* de climat chaud :** 18 à 30 °C le jour, 16 à 25 °C la nuit, avec un écart jour-nuit de 2 à 5 °C.
- **Températures pour les *Coelogyne* de climat tempéré** : 18 à 25 °C le jour 14 à 16 °C la nuit, avec un écart jour-nuit de 5 à 7 °C.
- **Températures pour les *Coelogyne* de climat froid :** 15 à 20 °C le jour, 8 à 14 °C la nuit, avec un écart jour nuit de 8 à 10 °C. Pour celles-ci, à moins d'avoir une serre froide, une culture à l'extérieur en été est indispensable de juin à septembre ou octobre, ainsi qu'une pièce très lumineuse et très peu, ou pas chauffée, pour leur culture en hiver et en automne.

Un grand genre, qui compte une centaine d'espèces très intéressantes et parfois spectaculaires.
Leur culture ne présente pas de difficultés majeures, si ce n'est qu'il faut, lorsque l'on veut acquérir une *Coelogyne*, se soucier avant tout des températures requises pour sa culture.

▲ *Coelogyne* sp.

- **Lumière :** Elles aiment la lumière mais n'en exigent pas énormément. Néanmoins, dans une maison ou un appartement, elles devront être cultivées devant une fenêtre orientée vers le sud en automne et en hiver.
- **Eau :** Non calcaire.
- **Arrosages :** Abondants et réguliers en période de végétation en maintenant le compost légèrement humide. Plus espacés ensuite pour la plupart des espèces, ou stoppés pour d'autres (par exemple *Coelogyne cristata*).
- **Hygrométrie :** 75 à 85 % avec une bonne ventilation, en particulier lorsque les nouvelles pousses se développent.
- **Période de repos :** Oui pour certaines espèces comme la *Coelogyne cristata*, qui ne fleurira bien que si elle subit une période sèche. Pour la plupart des autres espèces, il faut laisser le compost sécher entre chaque arrosage (arroser dès que le pot est léger).
- **Rempotage :** Tous les 2 ou 3 ans car les *Coelogyne* n'apprécient guère d'être chahutées... Il faut néanmoins veiller à ce que le compost ne se dégrade pas. Le rempotage doit être fait lorsque la plante est en pleine activité végétative. Certaines espèces ont une forte propension à sortir du pot (*C. pandurata, C. cristata, C. ovalis...*). Les plus grandes gagneront à être cultivées en panier, les plus petites se porteront à merveille en épiphyte sur une plaque de liège par exemple, si les conditions de culture le permettent (fort taux d'hygrométrie).
- **Substrat conseillé :** Un compost de moyenne granulométrie composé d'écorces de pin et d'argile expansée pour 2/3 et mousse de sphagnum pour 1/3.
- **Engrais :** donner un engrais équilibré au rythme de un arrosage sur deux pendant toute la phase de végétation, puis au rythme de un arrosage sur trois lorsque les pseudobulbes sont formés. Stopper les engrais pendant la période de repos des espèces concernées.
- **Précautions particulières :** Concernant les espèces qui doivent subir une période de repos, veiller à ce que les pseudobulbes les plus récents ne se rident pas pendant la période de repos. Si tel est le cas, arroser de temps à autre.

▲ *Coelogyne cristata*

Cymbidium

Bien que très « démocratisé » à l'heure actuelle, ce genre reste l'un de ceux que l'on conseille volontiers pour sa résistance à d'éventuelles erreurs de culture.

▸ PRÉSENTATION GÉNÉRALE DU GENRE

– **Facilité de culture :** Facile. Exigences thermiques non compatibles avec une culture en appartement.
– **Période de floraison :** De novembre à avril.
– **Durée de la floraison :** 2 à 3 mois.
– **Particularités :** Les *Cymbidium* doivent obligatoirement être cultivés à l'extérieur à partir de la fin mai, jusqu'à la mi-octobre (les rentrer avant les premières gelées). Fleurs souvent parfumées, plantes rarement miniatures.
– **Origine géographique et vie en milieu naturel :** La plupart des 70 espèces de *Cymbidium* sont terrestres, plus rares sont les épilythes, et les épiphytes. Certaines vivent à des altitudes élevées sur les contreforts de l'Himalaya, en Chine, au Vietnam, en Birmanie…, d'autres croissent à des altitudes moins élevées en Inde, à Java, Sumatra…
À l'état naturel les *Cymbidium* sont exposés en plein soleil le matin, et protégés ensuite par les nuages.
– **Climat :** Froid, tempéré ou chaud.
– **Remarque :** 98 % des *Cymbidium* commercialisés sont de climat froid.

▸ CONDITIONS PARTICULIÈRES DE CULTURE

▸ *Cymbidium* hybride

▾ *Cymbidium eburneum*

– **Températures requises :** 15 à 30 °C le jour, et 5 à 20° la nuit, et un écart jour-nuit d'au moins 10 °C. Ils tolèrent des températures extrêmes, et leur floraison est induite par les chocs thermiques qu'ils subissent lorsqu'ils sont à l'extérieur. En hiver, à l'intérieur de la maison, il est conseillé de les placer dans une pièce fraîche comme une véranda.
– **Lumière :** Condition essentielle pour l'obtention des floraisons. Elle doit être très vive, mais sans soleil direct aux heures chaudes. En été une orientation à l'Est est idéale. En automne et en hiver, une fenêtre au Sud favorisera la floraison.
– **Eau :** Eau calcaire.

▸ *Cymbidium* 'Amesbury'

– **Arrosages :** Réguliers et abondants lorsque la plante développe ses nouvelles pousses (printemps-été), les espacer sérieusement, en automne, lorsque les pseudobulbes sont à maturité.

– **Hygrométrie :** 40 à 50 %. Il n'est pas nécessaire de les vaporiser lorsqu'ils sont à l'extérieur. Dans la maison, une légère vaporisation du feuillage le soir leur est bénéfique.

– **Période de repos :** Diminuer les arrosages en automne.

– **Rempotages :** Tous les deux ans, juste après la floraison. Ne pas les pratiquer en été ou en automne.

– **Substrat conseillé :** Écorce de pin, argile expansée, et éventuellement un peu de tourbe pour éviter que le substrat ne se dessèche trop vite. Un complément en calcium est nécessaire si la plante n'est pas arrosée avec de l'eau calcaire (coquilles d'huîtres concassées, ou dolomie à raison de 2 g/litre de compost).

– **Engrais :** Ils sont gourmands ! Une insuffisance d'engrais explique la plupart des absences de floraison chez le *Cymbidium*. Apporter un engrais riche en azote, de mars à juillet, au rythme, d'un arrosage sur deux ; un engrais riche en phosphore pendant les 4 à 5 mois qui précèdent la période de floraison. Dès l'arrivée des hampes florales, suspendez les engrais pendant 1 mois. Un engrais foliaire est plus efficace.

– **Précautions :** Les boutons floraux en formation sont sensibles aux chocs thermiques. Attendre que les fleurs commencent à s'épanouir pour déplacer la plante, d'une pièce fraîche, vers une pièce plus chaude, ou bien le faire dès l'apparition des hampes florales à la base des pseudobulbes, avant la formation des boutons.

– **Remarques :** Plantes aux floraisons spectaculaires particulièrement recommandées à tous ceux qui possèdent une véranda fraîche en hiver.

▾ *Cymbidium* Candy King 'Cindy'

Dendrobium

Une diversité de formes de fleurs et de plantes, ainsi qu'une palette de couleurs qui n'ont que peu de concurrence de la part de tout autre genre d'orchidées.

▸ PRÉSENTATION GÉNÉRALE DU GENRE

– **Facilité de culture :** Genre offrant des possibilités de culture pour tous les niveaux de connaissances.
– **Période et durée de la floraison :** Floraison printanière, ou estivale, allant de quelques jours, à plusieurs mois.
– **Particularités :** De nombreuses espèces sont caduques, ou semi-caduques et parfumées. Les deux sépales latéraux, sont soudés aux pieds de la colonne et forment un « menton » bien visible lorsque l'on regarde la fleur de profil.
– **Origine géographique et vie en milieu naturel** : Il existe plus de 1 600 espèces de *Dendrobium* réparties sur une très large partie du globe qui va de la région Himalayenne, jusqu'aux îles du Pacifique occidental, en passant par la Nouvelle-Guinée, la Thaïlande, le Japon, l'Australie, la Nouvelle-Zélande, et le Sri Lanka. Au-delà de l'étendue géographique du genre, on trouve une diversité de climat déroutante, liée à celle des altitudes où ils croissent. Les *Dendrobium* sont tous épiphytes, ils vivent dans les zones où l'on rencontre les fameuses saisons des pluies, pendant lesquelles ils se développent, et les difficiles saisons sèches, qui les obligent à entrer en phase de repos végétatif, à l'issue de laquelle, ils fleurissent…

▸ *Dendrobium nobile*

▾ *Dendrobium secundum*, une espèce de climat chaud très répandue en Thaïlande.

LIFE'S WORK
Oscar

▲ *Dendrobium* 'Surakaï', cet hybride appartient au groupe des *Dendrobium Phalaenopsis* qui se cultivent en serre chaude. Ils sont très appréciés pour la durée exceptionnelle de leurs floraisons.

– **Climat :** Chaud, tempéré, froid, tempéré chaud, ou tempéré froid. Tous les cas de figures que l'on peut rencontrer dans la culture des orchidées se rencontrent dans ce genre.

▸ CONDITIONS DE CULTURE DU GENRE

Ils présentent des nuances de culture liées à leur vaste répartition géographique. Bien que de climats très divers, la plupart d'entre eux, entrent dans une des trois catégories de climat suivantes : chaud, tempéré, froid.

- **La lumière :** Elle doit être la plus abondante possible, sans soleil direct, excepté en hiver, période pendant laquelle tous les *Dendrobium* doivent bénéficier d'une forte luminosité. Une exposition au nord n'est pas recommandée.
- **L'eau :** Non calcaire.
- **L'hygrométrie :** Maintenir 75 à 80 % toute l'année, et augmenter les brumisations pendant la période de repos.
- **Période de repos :** Franche pour ceux à feuillage caduc, ou à feuilles épaisses ; modérée, pour les non-caduques, ou semi-caduques.
- **Le rempotage :** Tous les deux ans, et impérativement au printemps lorsque les nouvelles pousses sortent. Utiliser des pots de petite taille, ou des paniers. Les espèces miniatures aux pseudobulbes fins préfèrent une culture sur plaque de liège (*D. moniliforme, victoriae-regiane, unicum, tetragonum*...), ceux de grandes tailles seront stabilisés par l'utilisation de pots en terre.
- **Substrat conseillé :** Écorce de moyenne granulométrie, et argile expansée.
- **Apports d'engrais :** Ne jamais donner d'engrais pendant la période de repos. Dès l'initiation des nouvelles pousses, apporter un engrais riche en azote et en potasse, tous les 15 jours. Lorsque celles-ci atteignent une hauteur égale à la moitié de celle de l'année précédente, donner un engrais riche en phosphore et en potasse, tous les 15 jours, jusqu'à l'arrivée de la période de repos.
- **Précautions particulières :** Éviter de mouiller les jeunes pousses. Observer la plante pendant la période de repos, les

pseudobulbes, ne doivent pas se flétrir. Si tel est le cas, arroser légèrement.

– **Remarques particulières :** La plupart des *Dendrobium* possèdent une étonnante capacité d'adaptation. Dans la pratique, il n'est pas rare de voir certaines espèces ou hybrides de climat chaud, froid ou tempéré, fleurir sous des conditions qui en théorie, ne leur conviennent pas.

▸ CONDITIONS PARTICULIÈRES DE CULTURE DES *DENDROBIUMS* DE SERRE CHAUDE

(D.biggibum, gracilicaule, helix, lasianthera, stratiotes, 'Surakaï'*)*

– **Températures requises :** 18 °C à 35 °C le jour, 15 °C à 30 °C la nuit, et un écart jour-nuit de 3 °C à 8 °C. Ils peuvent être cultivés à l'extérieur de juin à fin juillet.

– **Arrosages au printemps et en été :** Copieux et réguliers, pendant la phase de développement des pseudobulbes, tout en laissant le pot s'alléger, entre chaque arrosage.

– **Arrosages en automne et en hiver :** Lorsque les pseudobulbes sont totalement formés, modérer les arrosages, sans pour autant les stopper. Veiller à ce que les pseudobulbes ne diminuent pas de volumes. À titre d'indication, un arrosage pratiqué tous les 8 jours en période de végétation, fera place à un arrosage tous les 10 à 12 jours pendant la période de repos. Les reprendre dès l'apparition des inflorescences, ou des nouvelles pousses.

▸ CONDITIONS PARTICULIÈRES DE CULTURE DES *DENDROBIUMS* DE SERRE TEMPÉRÉE

(D.amethystoglossum, finesterae, forbesii, formosum,macrophyllum, miyackei, pierardii, parishii, secundum,speciosum, superbum, thyrsiflorum, unicum, topaziacum,victoria-reginae)

– **Températures requises :** 18 °C à 25 °C le jour, et 13 °C à 16 °C la nuit, et un écart jour-nuit de 6° à 10°C. Peuvent être cultivés à l'extérieur de juin à fin août.

– **Arrosages au printemps et en été :** Identiques à ceux de climat chaud.

▾ *Dendrobium nobile,* espèce de serre froide.

▲ À gauche, *Dendrobium superbum* var. *album* à cultiver en serre tempérée. À droite, *Dendrobium unicum* (Thaïlande, et Laos), une ravissante espèce miniature à cultiver en milieu frais ou tempéré. Ses fleurs exhalent un agréable parfum fruité.

– **Arrosages en automne et en hiver :** Dès que les pseudobulbes sont arrivés au terme de leur croissance, stopper les arrosages pour les espèces à feuillage caduque (superbum, pierardii, secundum, parishii…), les espacer pour les espèces à feuillage semi-caduque ou persistant *(victoria reginae, speciosum, finesterae, forbesii).*

▸ CONDITIONS PARTICULIÈRES DE CULTURE DES DENDROBIUMS DE SERRE FROIDE

(D. aggregatum, chrysotoxum, kingianum, loddigesii, moniliforme, nobile)

– **Températures requises :** 12 °C à 25 °C le jour, et 5 °C à 14 °C, et un écart jour-nuit de 10 °C. En hiver, la plupart de ces espèces doivent être cultivées en plein soleil, dans une pièce fraîche. En été, il est préférable de les placer à l'extérieur, à l'abri du soleil direct aux heures chaudes.
– **Arrosages au printemps et en été :** Identiques à ceux de climat chaud ou tempéré.
– **Arrosages en hiver :** Stopper les arrosages, tout en maintenant un excellent taux d'hygrométrie.
– **Remarques :** Les exigences thermiques de certains Dendrobium n'étant pas compatibles avec une culture en appartement, il est conseillé de prêter une attention particulière aux températures requises par certaines espèces ou hybrides.

▸ *Dendrobium loddigesii*, à cultiver en serre froide.

Encyclia & Epidendrum

Les *Encyclia* et les *Epidendrum* font partie de ces orchidées qui ont l'avantage d'offrir aux amateurs d'originalités une extraordinaire diversité de formes et de couleurs de fleurs. De plus, ceux qui sont à la recherche d'orchidées parfumées, trouveront auprès de ces deux genres, de quoi élargir leur collection.

PRÉSENTATION GÉNÉRALE DU GENRE

- **Facilité de culture :** Facile.
- **Période de floraison :** Principalement au printemps et en été.
- **Durée de la floraison :** 1 à 2 mois, parfois davantage, lorsque l'on est en présence d'espèces à floraison successive (*Encyclia cochleata*).
- **Particularités :** Certains *Encyclia* possèdent des fleurs qui se présentent à l'envers, labelle orienté vers le ciel.
- **Origine géographique et vie en milieu naturel :** Il existe environ 800 espèces d'*Encyclia* et d'*Epidendrum*, réparties dans la partie nord de l'Amérique du Sud, et également en Amérique centrale. La plupart d'entre elles sont épiphytes et vivent dans les forêts de moyenne et faible altitude.
- **Climat :** Tempéré.

CONDITIONS PARTICULIÈRES DE CULTURE

- **Températures :** 15 à 28 °C le jour ; 13 à 25 °C la nuit, avec un écart jour-nuit de 5 à 8 °C.
- **Lumière :** Tous les *Epidendrum* et *Encyclia* affectionnent particulièrement la lumière, certains plus que d'autres.

Encyclia cochleata, apprécié pour l'originalité de ses fleurs inversées et la durée exceptionnelle de ses floraisons.
Se cultive très bien en appartement.

Placés à proximité d'une fenêtre orientée vers le Sud, tout en veillant à les protéger du soleil direct, ils se développeront et fleuriront à merveille.

- **Eau :** Non calcaire.
- **Arrosages** : Abondants et réguliers pendant la phase de développement des pseudobulbes, espacés dès que ceux-ci arrivent à maturité (en hiver).
- **Hygrométrie :** Elle doit avoisiner les 70 à 80 % toute l'année, et doit être maintenue autour de la plante par des brumisations quotidiennes du feuillage, de la surface du substrat, ainsi qu'en plaçant la plante au-dessus d'un récipient rempli d'eau.
- **Période de repos :** Elle consiste simplement en un espacement des arrosages pendant la période hivernale.
- **Rempotage :** Tous les deux ans, lorsque les nouvelles pousses apparaissent à la base des anciennes.
- **Substrat conseillé :** Écorce de pin et argile expansée de moyenne granulométrie.
- **Engrais :** Apporter un engrais riche en azote tous les 15 jours lorsque les pseudobulbes sont en formation ; dès que ceux-ci arrivent au 2/3 de leur hauteur maximale, remplacer l'engrais riche en azote, par un engrais riche en phosphore afin de motiver la floraison. Pendant la phase de « pseudo-repos », suspendre les engrais.
- **Soins particuliers :** Éviter de mouiller les jeunes pousses, car elles sont sensibles à la pourriture. Bien ventiler en milieu très humide.

Lycaste

Un genre peu connu, qui plaît tout particulièrement aux amateurs en quête d'originalité, au sein duquel on trouve de nombreux hybrides ou espèces aux fleurs de toute beauté.

PRÉSENTATION GÉNÉRALE DU GENRE

– **Facilité de culture :** Facile.
– **Période de floraison :** Printemps, été.
– **Durée de la floraison :** 1 à 2 mois environ.
– **Particularités** : Nombreuses espèces parfumées. Inflorescences uniflores, naissant à la base des pseudobulbes, après la période de repos. La plupart des *Lycastes* sont caduques.
– **Origine géographique et vie en milieu naturel :** Ce genre compte 45 espèces réparties dans toute l'Amérique Latine, depuis le Mexique, jusqu'au Pérou. Plantes épiphytes, ou épilithes, on les trouve depuis le niveau de la mer, jusqu'à 2 500 mètres d'altitude. Certaines connaissent des gelées.
– **Climat :** Chaud, tempéré, froid.

CONDITIONS PARTICULIÈRES DE CULTURE

– **Températures :** Malgré leurs origines d'altitude, les lycastes se cultivent en milieu tempéré. En été, la température diurne ne doit pas excéder les 20 °C. En hiver, pendant la période de repos qui détermine la floraison, la température peut varier entre 18 et 21 °C le jour ; et 10 et 16 °C la nuit. L'écart jour-nuit doit varier de 5 à 10 °C.
– **Lumière :** Elles craignent considérablement une lumière trop vive, et doivent être bien ombrées pendant la période de végétation (printemps-été). En hiver, et pendant les mois qui précèdent la période de floraison, elles doivent bénéficier d'une abondance de lumière. Elles peuvent être cultivées au nord, ou à l'est en été, et déplacées vers une fenêtre bien exposée en hiver.
– **Eau :** Non calcaire.
– **Arrosages :** Très réguliers dès l'apparition des inflorescences, ou des nouvelles pousses. Ne pas laisser sécher le substrat entre chaque arrosage, les « coups de soif » déforment les

▾ *Lycaste* 'Balliae', un hybride très variable en coloris, réalisé en 1896 et toujours en vigueur de nos jours.

pousses, et gênent leur développement. Stopper les arrosages, lorsque les pseudobulbes sont totalement développés.

- **Hygrométrie :** 45 à 55 % le jour, et 100 % la nuit. En été, vaporiser les feuilles le soir.
- **Période de repos :** Oui.
- **Rempotage :** Tous les deux ans, au printemps, lorsque les nouvelles pousses apparaissent, et de préférence dans des pots en terre.
- **Substrat conseillé :** Écorce de pin de fine granulométrie, argile expansée et un peu de *sphagnum*.
- **Engrais :** Un engrais équilibré, tous les 15 jours, pendant toute la période végétation. Les stopper pendant la période de repos.
- **Précautions :** Ne jamais mouiller les jeunes pousses.
- **Remarques :** Les lycastes peuvent être cultivées à l'extérieur de juin à septembre. La finesse de leurs feuilles les rend sensibles aux attaques d'araignées rouges.
- **Genres ayant la même culture** : *Anguloa* et *Angulocaste*.

▲ La *Lycaste skinneri* est sans conteste l'une des plus belles espèces du genre. Elle est l'un des parents de la *Lycaste* 'Balliae'.

Masdevallia

Des plantes miniatures, parfois minuscules, aux formes et aux couleurs de fleurs souvent ahurissantes. Les *Masdevallia* vivent très difficilement en appartement. Leur origine géographique impose qu'ils soient cultivés en milieu frais, humide et ventilé.

PRÉSENTATION GÉNÉRALE DU GENRE

– **Facilité de culture :** Genre moyennement facile. À ne pas cultiver, si l'on ne possède pas une pièce fraîche et humide.
– **Période de floraison :** Printemps, été.
– **Durée de la floraison :** 3 à 4 semaines.
– **Particularités :** Plantes miniatures, parfois minuscules (3 à 30 cm). Contrairement à la plupart des orchidées, la beauté de la fleur tient au fait que les trois sépales sont soudés et très développés par rapport aux pétales, qui sont atrophiés, et à peine visibles au centre de la fleur.
– **Origine géographique et vie en milieu naturel :** Ce genre comprend 300 espèces épiphytes vivant en altitude au Mexique, au Pérou, en Colombie et en Équateur. Ils affectionnent particulièrement les lieux frais, humides, et ombragés.

CONDITIONS PARTICULIÈRES DE CULTURE

– **Températures :** Bien qu'étant de climat froid, les *Masdevallia* vivent très bien en milieu tempéré froid : 15 à 18 °C le jour ; 10 à 15 °C la nuit, avec un écart jour-nuit de 5 à 8 °C.
– **Lumière :** Ils aiment la lumière à condition qu'elle ne soit pas trop vive. Une exposition au nord en été les protège de la chaleur. En hiver, ils préfèrent l'est, l'ouest et même le sud.
– **Eau :** Non calcaire.
– **Arrosages :** Réguliers toute l'année, en gardant le compost toujours légèrement humide, sans être détrempé.

▲ De gauche à droite, *Masdevallia veitchiana,* l'un des plus spectaculaires du genre ; *Masdevallia coccinea* var. *aurea* et *Masdevallia coccinea.*

- **Hygrométrie :** 75 à 80 %, avec une bonne ventilation. Ne jamais vaporiser les feuilles aux heures chaudes de la journée.
- **Période de repos :** Inexistante.
- **Rempotage :** Tous les deux ans, en septembre, dans des pots ajourés, ou en terre. Pendant les 10 jours qui suivent le rempotage, remplacer les arrosages, par de légers bassinages du substrat.
- **Engrais :** Équilibré toute l'année, deux fois par mois.
- **Substrat conseillé :** Un compost de fine granulométrie à base d'écorce de pins, de *sphagnum* et d'argile expansée. Placer quelques morceaux de polystyrène au fond du pot, afin d'améliorer le drainage.
- **Précautions :** Genre ayant une propension à développer des pourritures du feuillage si l'air n'est pas ventilé lorsque le taux d'hygrométrie est élevé.
- **Remarques :** Une culture sur plaque de liège donne d'excellents résultats.
- **Genre ayant la même culture :** *Dracula, Pleurothallis, Restrepia.*

Miltoniopsis

Une des rares orchidées à posséder des fleurs dont la forme rappelle étrangement celle d'une des fleurs de nos jardins : la pensée ! La plupart des *Miltoniopsis* sont agréablement parfumés le matin.

▸ *Miltoniopsis* au premier plan. *(Phalaenopsis* et *Odontoglossum* hybride en arrière plan.)

▾ Au centre de la fleur, le fameux dessin appelé « masque ».

▸ PRÉSENTATION GÉNÉRALE DU GENRE

– **Facilité de culture :** Difficile en appartement.
– **Période de floraison :** Printemps.
– **Durée de la floraison :** 2 mois environ.
– **Particularités :** Fleurs parfumées le matin.
– **Origine géographique et vie en milieu naturel** : Environ 20 espèces épiphytes originaires des Andes, entre 500 et 1 500 m d'altitude.
– **Climat :** Tempéré froid.

▸ CONDITIONS PARTICULIÈRES DE CULTURE

– **Températures :** 15 à 25 °C, le jour ; 12 à 15 °C la nuit. Ils n'aiment ni la chaleur, ni la fraîcheur ! En été, la température diurne ne doit pas excéder 20-25 °C ; en hiver, elle ne doit pas être inférieure à 12 °C. Une culture à l'extérieur est indispensable en été (de juin à fin août) : placés au nord, ou à l'est, les *Miltoniopsis*, profiteront des écarts de températures, et de l'humidité des nuits, tout en étant protégés des températures excessives. En période de canicule, il est conseillé de les rentrer.
– **Lumière :** Ils aiment la lumière, mais la craignent, si elle est trop vive. Pour se faire, en été, ils doivent être placés au nord, ou à l'est ; en automne, à l'est ou à l'ouest ; en hiver, au sud.
– **Eau :** Non calcaire.
– **Arrosages :** Réguliers toute l'année. Le substrat doit être constamment humide, sans être détrempé.
– **Hygrométrie** : 70 à 80 %. Brumiser le feuillage, et la surface du substrat, en évitant les jeunes pousses, et les boutons floraux.
– **Période de repos :** Inexistante.
– **Rempotage** : Tous les ans après la floraison, et jamais en été.
– **Substrat conseillé :** Écorce de pin, et argile expansée de fine granulométrie. Préférer les pots de petite taille.
– **Engrais :** Équilibré toute l'année, tous les 15 jours, de mars à novembre, et toutes les trois semaines en hiver.
– **Précautions :** Lorsque les nouvelles pousses apparaissent, veiller à faire des arrosages très réguliers, afin qu'elles ne soient pas gênées dans leur développement et qu'elles ne s'en trouvent pas déformées.

Odontoglossum

Des fleurs aux panachés de couleurs surprenants évoquant à la perfection les couleurs typiques de leur pays d'origine. Malheureusement ce genre convient rarement à une culture en appartement.

PRÉSENTATION GÉNÉRALE DU GENRE

- **Facilité de culture :** Genre facile mais convenant rarement à une culture en appartement.
- **Période de floraison :** Printemps, été, automne.
- **Durée de la floraison :** 1 à 2 mois.
- **Particularités :** Certaines espèces sont parfumées.
- **Origine géographique et vie en milieu naturel** : Les *Odontoglossum* sont épiphytes, et vivent en lisière des forêts de la Cordillère des Andes, du Pérou, du Mexique, et de la Colombie. L'altitude à laquelle ils évoluent est élevée : entre 1800 et 3000 mètres ! Et l'atmosphère y est très humide. Le genre compte une centaine d'espèces.
- **Climat :** Froid et tempéré froid.

CONDITIONS PARTICULIÈRES DE CULTURE

- **Température :** 15 à 25 °C le jour, 7 à 14 °C la nuit, avec un écart jour-nuit de 10 °C. Il est recommandé de les cultiver à l'extérieur de juin à fin septembre, et de les placer dans une pièce peu chauffée en hiver. Compte tenu de leur origine, ils endurent difficilement la chaleur. En été, lorsque la température diurne excède les 25 °C, ombrer les plantes au maximum aux heures les plus chaudes, et les rafraîchir le soir, en brumisant le feuillage.
- **Lumière :** Ils demandent une lumière vive pour fleurir. Une exposition au nord ne convient pas. En été, l'est leur apportera les bienfaits du soleil, sans risques de brûlures ; en hiver une exposition au sud sans voilage, leur donnera lumière et chaleur dans la journée, et augmentera l'amplitude thermique nécessaire entre le jour et la nuit.
- **Eau :** Non calcaire.

▲ *Odontocidium* 'Boléro'
◄ *Odontocidium* 'Biti'

- **Arrosages :** Abondants, réguliers, et sans déshydratation du substrat, jusqu'à complète formation des pseudobulbes. Les « coups de soifs » pendant la phase de développement de la plante sont désastreux et engendrent des difformités du feuillage (feuilles en accordéon). Lorsque les pseudobulbes sont formés, espacer les arrosages, en laissant sécher le compost entre chaque arrosage, jusqu'à l'apparition des nouvelles pousses.
- **Hygrométrie :** 70 à 80 %. Ils détestent les atmosphères sèches. Les brumisations du feuillage, et de la surface du compost sont indispensables. En hiver, lorsque la plante est à l'intérieur, complétez-les par une installation de la plante au dessus de bacs remplis d'eau.
- **Période de repos :** Modérée.
- **Rempotage :** Il se pratique tous les deux ans, dans un pot de petite taille, et jamais en été. Après le rempotage, remplacer les arrosages par de légers bassinages de la surface du substrat, pendant deux semaines. Brumiser les feuilles et la surface du substrat tous les jours. Les pots en terre sont recommandés.
- **Substrat conseillé :** De fine granulométrie, à base d'écorce de pin, d'argile expansée, et éventuellement de sphagnum (un mélange 1/3 sphagnum et 2/3 substrat convient très bien).
- **Engrais :** En période de végétation, l'apport d'un engrais équilibré, est requis au rythme d'un arrosage sur deux ; suspendre les engrais pendant la « pseudo-période de repos ».
- **Précautions :** Une trop forte luminosité se traduit par un rougissement des feuilles. Pendant la « pseudo-période de repos », veiller à ce que les pseudobulbes ne se flétrissent pas, et suspendre tout apport d'engrais.
- **Remarques :** Les *Odontoglossum* à racines fines peuvent être cultivés sur plaques de liège, à condition de leur offrir un maximum d'hygrométrie.
- **Genres ayant la même culture :** *Vuylstekeara, Odontocidium, Odontonia, Odontioda, Burgera.*

▸ *Odontocidium* 'Purbeck Gold'

Oncidium & Psychopsis

Si le charme des *Oncidium* tient surtout au grand nombre de fleurs portées par l'inflorescence, celui des *Psychopsis* réside dans la grâce de la fleur unique qui culmine au sommet de la hampe florale.

▾ *Psychopsis kramerianum*, une espèce rare dans les collections actuelles.

▸ PRÉSENTATION GÉNÉRALE DU GENRE

– **Facilité de culture :** Moyenne.
– **Période de floraison :** Variable. Principalement au printemps et en automne.
– **Durée de la floraison :** Minimum un mois et demi pour les *Oncidium*, perpétuelle pour les *Psychopsis*.
– **Particularités :** Formes et tailles de plantes très hétéroclites. Couleurs souvent très vives, fleurs parfois parfumées, et souvent très nombreuses.
– **Origine géographique et vie en milieu naturel :** Le genre comprend plus de 750 espèces réparties dans toute l'Amérique centrale et tropicale, vivant à des altitudes très diverses : depuis le niveau de la mer, jusqu'à 4000 mètres. Plantes épiphytes, ou saxicoles, elles bénéficient toutes d'une certaine abondance de lumière.
– **Climat :** Chaud, tempéré, froid.

▸ CONDITIONS PARTICULIÈRES DE CULTURE

– **Température :** Malgré la diversité des altitudes auxquelles ils vivent, la plupart des *Oncidium* se cultivent en milieu tempéré : 18 à 25 °C le jour, 13 à 16 °C la nuit, avec un écart jour-nuit de 5 à 7 °C. L'été, à l'exception des *Psychopsis*, il est recommandé de les cultiver à l'extérieur.
– **Lumière :** Elle est une des exigences que l'on ne peut pas contourner. Ils requièrent tous, une forte luminosité, sans soleil direct. Par conséquent, une fenêtre au nord est un emplacement à proscrire. En hiver, placez-les au sud, sans voilage. En été, ombrez les, ou placez les à l'est, afin qu'ils profitent du soleil direct sans risques de brûlures. Les *Oncidium* à feuilles molles demandent moins de lumière que ceux à feuilles dures, ou épaisses.
– **Eau :** Non calcaire.
– **Arrosages :** Ils doivent être adaptés au cycle végétatif de la plante, c'est-à-dire copieux et fréquents pendant la phase de développement des pseudobulbes, et ne doivent pas être renouvelés tant que le pot ne s'est pas allégé. Il est très important que la plante consomme rapidement

▼ *Oncidium* 'Grower Ramsey'

l'eau des arrosages.
Lorsque les pseudobulbes sont formés, remplacer les arrosages par de légers bassinages de la surface du substrat.

– **Hygrométrie :** 50 à 60 %, recréés par de très légères brumisations sur les racines aériennes, la surface du substrat et sur le dessous des feuilles. Les *Oncidium* à feuilles épaisses craignent l'eau sur leurs feuilles, contentez-vous de brumiser la surface du substrat, et préférez la méthode du bac rempli d'eau placé sous les plantes. En été, lorsque les plantes sont à l'extérieur, protégez-les de la pluie, et placez-les dans un lieu bien ventilé.
– **Période de repos :** Modérée.
– **Rempotage :** Il se fait tous les deux ans, impérativement lorsque la plante développe une pousse. Les *Oncidium* haïssent les grands pots ! De ce fait veillez à ce que les racines remplissent bien le contenant. Des pots ajourés, ou en terre, sont recommandés.
– **Substrat conseillé :** Écorce de pin et argile expansée de moyennes granulométries.
– **Engrais :** Équilibré au rythme d'un arrosage sur deux pendant la phase active de la végétation. Suspendre les apports d'engrais lorsque les arrosages sont remplacés par les bassinages.
– **Précautions :** Ne jamais mouiller les jeunes pousses. Lorsqu'ils sont cultivés à l'extérieur, surveiller les éventuelles attaques de limaces ou d'escargots.
– **Remarques :** Leur culture sur plaques de liège est d'une grande facilité, elle représente une excellente solution pour contourner la difficulté que l'on peut avoir pour trouver le bon rythme d'arrosages.

Paphiopedilum

Peu de genres d'orchidées suscitent autant de passions que celui-ci ! Uniflores, multiflores, ou à floraison successive, tous les *Paphiopedilum* ont leur charme.

▸ *Paphiopedilum* hybride

▾ *Paphiopedilum henryanum*

▸ PRÉSENTATION GÉNÉRALE DU GENRE

– **Facilité de culture :** Faciles. Les *Paphiopedilum* au feuillage vert uni ont des exigences thermiques incompatibles avec une culture en appartement si la température y est constante et supérieure à 18 °C.
– **Période de floraison** : Très variable.
– **Durée de la floraison :** 1 à 2 mois pour la plupart, et 8 à 9 mois pour ceux à floraisons successives.
– **Particularités :** La forme particulière de leur labelle, qui leur vaut le nom commun de « sabot de Vénus ». Peu de genres suscitent autant de passions que celui-ci ! La longueur des pétales chez la plupart des multiflores.
– **Origine géographique et vie en milieu naturel :** Les quelques 70 espèces répertoriées à ce jour, sont originaires de la Chine, de l'Himalaya, de l'Asie du Sud-Est et des îles avoisinantes. Rarement épiphytes, ils préfèrent les flancs de montagnes, ou les pentes de ravins ombragés, et vivent accrochés aux roches, les racines entourées de mousses.
– **Climat :** Froid, tempéré.

▸ CONDITIONS PARTICULIÈRES DE CULTURE

– **Température :** Ceux à feuillage tesselé (marbré) demandent 18 à 25 °C le jour, 13 à 16 °C la nuit, et un écart jour-nuit de 5 à 8 °C ; ils se cultivent très bien en appartement. Ceux à feuillage vert uni requièrent des températures plus basses : 15 à 20 °C le jour, 8 à 15 °C la nuit, et un écart jour-nuit de 8 à 10 °C ; une culture en pièce fraîche est indispensable. En été, un séjour au jardin est propice aux deux catégories, sa durée est fonction des températures tolérées.
– **Lumière :** Ils craignent une lumière trop vive, et sont donc conseillés à tous ceux dont l'habitation est orientée vers le nord. Devant une fenêtre très exposée à la lumière, ils devront être placés en recul, ou bien ombrés.
– **Eau :** Une exception : il leur faut de l'eau calcaire !
– **Arrosages :** Très réguliers, le substrat ne doit jamais sécher, la sécheresse tue leurs racines.

– **Hygrométrie :** 50 à 60 %. Ne pas vaporiser le dessus des feuilles, ou les boutons floraux.
– **Période de repos :** Inexistante.
– **Rempotage :** Tous les ans, au printemps, ou en automne. Après le rempotage, bassinez légèrement la surface du substrat tous les jours, et reprenez les arrosages au bout de 8 à 10 jours selon la taille du pot.
– **Engrais :** Toute l'année, et uniquement foliaire ; à la moitié de la dose indiquée sur l'emballage, pour la même quantité d'eau. Alterner un engrais riche en azote, avec un engrais riche en phosphore. Chaque fertilisation doit être suivie par au moins deux arrosages à l'eau claire.
– **Substrat conseillé :** Un mélange fait avec 1/3 de sphagnum, et 2/3 de d'écorce de pin de fine granulométrie, auquel il faut ajouter du calcaire (2 g/litre) sous la forme de dolomie, ou de coquilles d'huîtres concassées. Un peu de charbon non traité ajouté au compost éloignera la plante de tout risque de pourritures des racines, liés àl'inévitable fréquence des arrosages.
– **Précautions :** Afin d'éviter les pourritures du collet auxquelles ils sont sensibles, veiller à ne pas trop enfoncer la plante dans le substrat, lors du rempotage.
– **Remarques :** Ce genre compte quelques superbes raretés devenues introuvables en plantes adultes, ou seulement à des prix quasiment inaccessibles (plusieurs milliers de francs). Très prisées, sachez qu'elles sont commercialisées en jeunes plantes, qui fleuriront dans 10 ou 15 ans. Ceux qui ont eu la patience d'attendre s'en félicitent, l'extrême beauté de leurs fleurs efface les années de patience.

◂ *Paphiopedilum glaucophyllum* une des rares espèces à floraisons successives.

▾ *Paphiopedilum* 'Saint Swithin'

Phalaenopsis botaniques

Tous les hybrides de *Phalaenopsis* ont pour ancêtre, plus ou moins lointain, un ou plusieurs *Phalaenopsis* botaniques. Ces derniers connaissent un succès grandissant, et apportent une note originale à une collection classique de *Phalaenopsis* hybrides.

PRÉSENTATION GÉNÉRALE

- **Facilité de culture :** À l'exception de certaines espèces, ils sont tous très faciles de culture.
- **Période de floraison :** Variable.
- **Durée de la floraison :** De quelques semaines à plusieurs mois.
- **Particularités :** Le parfum de certaines espèces, le joli feuillage panaché de d'autres, l'originalité de leurs fleurs.
- **Origine géographique et vie en milieu naturel :** Indonésie, Philippines, Australie, Bornéo, Sumatra, Vietnam, Laos, Sarawak. Ils sont épiphytes dans les forêts denses et humides et vivent depuis le niveau de la mer jusque 400 m d'altitude pour la plupart d'entre eux.
- **Climat :** Chaud et humide.

CONDITIONS PARTICULIÈRES DE CULTURE

- **Températures :** 22 à 30 °C le jour, 20 à 25 °C la nuit, avec un écart jour-nuit de 2 à 5 °C toute l'année.
- **Lumière :** Les espèces à feuillage vert clair, sont particulièrement sensibles à une lumière trop vive qui ne leur convient pas. Ceux-ci doivent être cultivés dans un endroit chaud tout au long de l'année, et bien ombré en été.
- **Eau :** Non calcaire.
- **Arrosages :** Réguliers toute l'année en maintenant le compost légèrement humide entre chaque arrosage.
- **Hygrométrie :** Certaines espèces, en particulier les miniatures, requièrent une humidité ambiante moyenne de 60 à 90 %, associée avec une bonne ventilation. Il faut donc vaporiser quotidiennement la surface du compost ainsi que les racines aériennes et placer la plante au-dessus d'un contenant rempli d'eau. Ne pas mouiller le dessus du feuillage, surtout lorsqu'il s'agit d'espèces à feuilles vert clair.

◂ *Phalaenopsis venosa*

- **Période de repos:** Non.
- **Rempotage:** Tous les 2 ans, au printemps ou en été et de préférence lorsque la plante développe une nouvelle couronne de racines. Ne pas rempoter lorsque la plante est fleurie. Par contre, elle peut l'être lorsque la hampe florale commence à apparaître entre les feuilles. La plupart des espèces de petite taille se cultivent également très bien en épiphyte, sur une plaque de liège par exemple.
- **Substrat conseillé:** Un substrat de moyenne granulométrie à base d'écorces de pin et d'argile expansée pour 2/3, et de mousse de sphagnum pour 1/3.
- **Engrais**: Équilibré toute l'année, au rythme d'un arrosage sur deux au printemps, en été et en automne et un arrosage sur trois en hiver.
- **Précautions particulières:** Il est déconseillé de couper l'inflorescence des espèces à hampe florale courte ou à floraison successives tant qu'elle n'est pas sèche. Contrairement aux hybrides, la plupart des *Phalaenopsis* botaniques ne fleurissent qu'une fois par an, à une saison qui leur est propre.

▸ *Phalaenopsis equestris rosea*

Phalaenopsis hybrides

Ce sont les plantes fleuries les plus vendues au monde, et elles font maintenant partie des plantes dites d'appartement. Les coloris de leurs fleurs sont d'une extraordinaire diversité : blanches, roses, jaunes, mauves, orangées, et même bordeaux...

Certainesfleurs sont striées, d'autres pointillées, petites ou grandes,parfois très grandes, rondes ou étoilées.Les plantes possèdentquelques feuilles, et sont généralement peu encombrantes.Les inflorescences, solitaires ou en paires, sont élancées et hautes ou ramifiées et courtes... En d'autres termes, les hybrides de *Phalaenopsis* offrent une diversité extraordinaire, d'autant que de nouvelles obtentions ne cessent d'apparaître sur le marché, comme les fameux « mini Phalaenopsis », qui plaisent tant par leur extrême petite taille.

▸ PRÉSENTATION GÉNÉRALE

– **Facilité de culture :** Très facile.

– **Période de floraison :** La « grande saison » des *Phalaenopsis* est le printemps. Cependant, compte tenu de leur capacité à fleurir plusieurs fois par an, et de l'évolution des techniques de culture, il n'existe presque plus de « saison creuse ».

– **Durée de la floraison :** 2 à 3 mois minimum.

– **Particularités :** La seule plante fleurie d'intérieur, tous types de plantes confondus, dont les floraisons soient aussi longues, fréquentes, et faciles à obtenir dans une maison ou un appartement.

– **Climat :** Chaud.

▸ CONDITIONS PARTICULIÈRES DE CULTURE

– **Températures :** 19 à 30 °C le jour, 18 à 25 °C la nuit avec un écart jour-nuit de 2 à 5 °C toute l'année, en particulier pendant les mois d'août et de septembre. Les *Phalaenopsis* aiment la chaleur.

– **Lumière :** Les *Phalaenopsis* craignent les ambiances trop lumineuses et doivent être protégés du soleil direct aux heures chaudes de la journée pendant les mois à risque (mars à novembre). Tous les types d'exposition

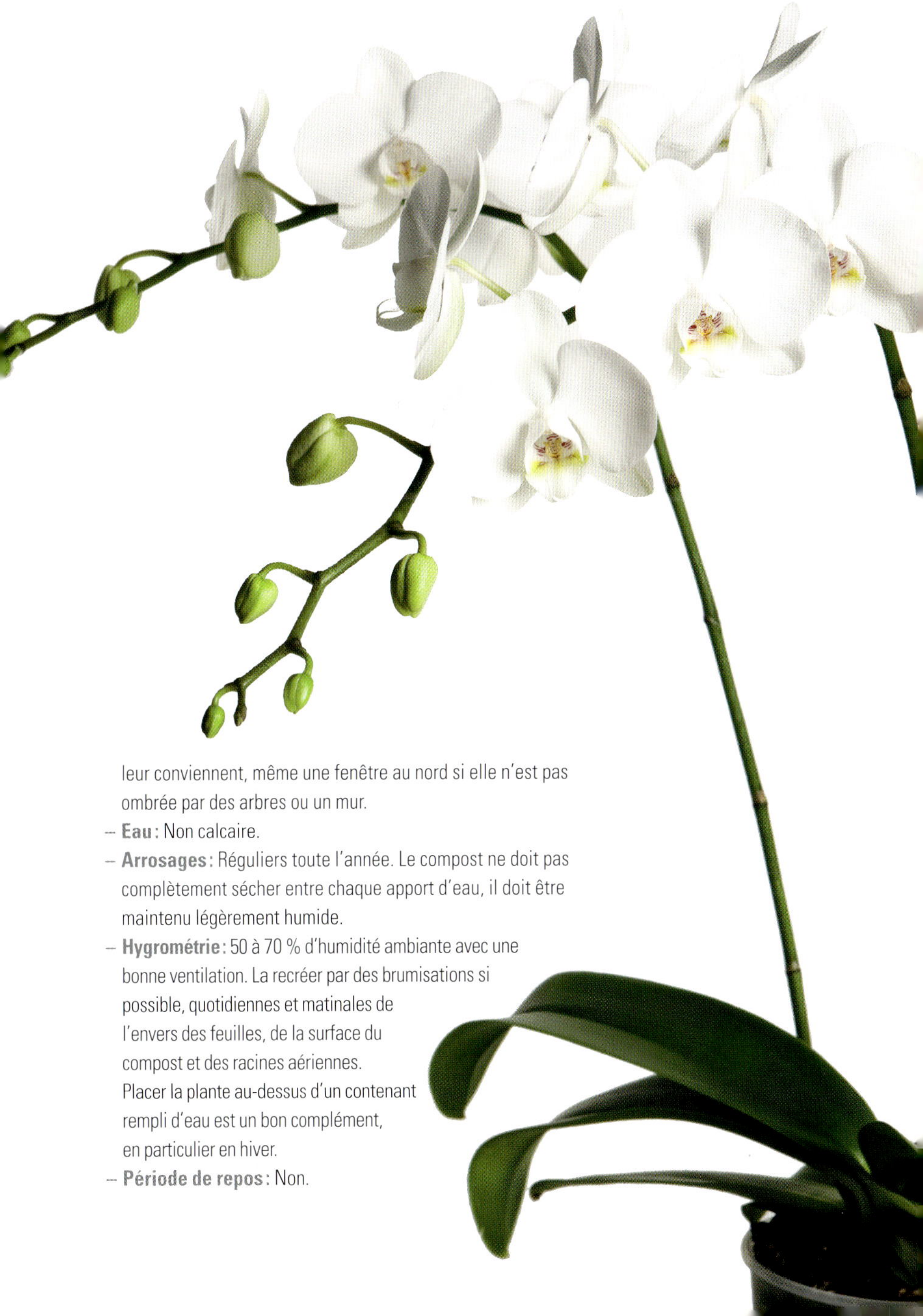

leur conviennent, même une fenêtre au nord si elle n'est pas ombrée par des arbres ou un mur.

- **Eau :** Non calcaire.
- **Arrosages :** Réguliers toute l'année. Le compost ne doit pas complètement sécher entre chaque apport d'eau, il doit être maintenu légèrement humide.
- **Hygrométrie :** 50 à 70 % d'humidité ambiante avec une bonne ventilation. La recréer par des brumisations si possible, quotidiennes et matinales de l'envers des feuilles, de la surface du compost et des racines aériennes. Placer la plante au-dessus d'un contenant rempli d'eau est un bon complément, en particulier en hiver.
- **Période de repos :** Non.

▲ *Phalaenopsis* 'Elegant Julia'

– **Rempotage :** Tous les 2 ans, au printemps ou en été, et de préférence lorsque la plante développe une nouvelle couronne de racines. Ne jamais rempoter lorsque la plante est fleurie. Par contre, elle peut l'être lorsque la hampe florale commence à apparaître entre les feuilles.

– **Substrat conseillé :** Un substrat de moyenne granulométrie à base d'écorces de pin et d'argile expansée pour 2/3, et de mousse de sphagnum pour 1/3. La mousse de sphagnum n'est pas une obligation, mais elle a l'avantage d'éviter que le compost ne sèche trop vite.

– **Engrais :** Équilibré toute l'année, au rythme de un arrosage sur deux au printemps, en été et en automne et un arrosage sur trois en hiver.

– **Précautions particulières :** Ne jamais mouiller le dessus des feuilles et veiller à ce qu'il n'y ait pas d'eau qui stagne au cœur de la plante. Dès la fin de la floraison, couper la hampe

▼ *Phalaenopsis* 'Elegant Polka dots'

florale au dessus du deuxième ou du troisième œil en partant de la base de celle-ci. Dans 80 % des cas, une nouvelle hampe florale se formera depuis un des yeux restants. Si tel est le cas, à la fin de cette seconde floraison, couper la hampe florale initiale à la base. Si les hampes florales coupées sèchent (20 % des cas), les couper à ras, et attendre qu'une nouvelle hampe florale apparaisse entre les feuilles (cela peut demander plusieurs mois). Un *Phalaenopsis* qui se porte bien donne à chaque floraison un plus grand nombre de fleurs. Contrairement à certaines idées reçues, il ne faut pas laisser une hampe florale défleurie sans la couper. En effet, certains *Phalaenopsis* peuvent produire presque continuellement quelques fleurs à l'extrémité de leur inflorescence. Certes ceci est agréable, mais d'une part cela fatigue la plante qui doit fournir un effort particulier pour alimenter cette hampe florale qui n'en finit pas de s'allonger, et d'autre part, cela n'est pas esthétique. Des racines argentées et bien « dodues » ainsi que des feuilles fermes et épaisses sont les principaux critères qui montrent que votre plante est en parfaite santé. Ne pas déplacer la plante pendant la formation des boutons floraux, mais attendre qu'au moins 30 % des fleurs se soient ouvertes. Vaporiser quotidiennement les boutons, en évitant de mouiller les fleurs, éviter les courants d'air. Ne jamais cultiver votre *Phalaenopsis* à l'extérieur, quelle que soit la saison !

Phragmipedium

Un genre fascinant encore peu connu du grand public, qui lorsqu'on le découvre, ne peut pas laisser l'amateur indifférent à la beauté de ses fleurs.

PRÉSENTATION GÉNÉRALE

- **Facilité de culture :** Très facile.
- **Période de floraison :** Printemps et automne.
- **Durée de la floraison :** 3 à 4 mois et jusqu'à 11 mois pour certains.
- **Particularités :** Plantes à floraisons successives. Parmi les dernières espèces découvertes : le *Phragmipedium besseae* aux fleurs d'un extraordinaire rouge vif (couleur jusque-là, inexistante dans le genre), à l'apparence et au toucher du velours ! Cette espèce est une splendeur, qui de plus, donne de beaux enfants… faciles de culture.
- **Origine géographique et vie en milieu naturel :** On dénombre environ 22 espèces de *Phragmipedium* originaires de l'Amérique centrale, et du sud (Pérou, Bolivie, Brésil, Équateur, Venezuela, Colombie et Guyane). Ils vivent accrochés aux parois des ravins, au cœur d'une végétation dense, souvent à proximité des chutes d'eau, dans une ambiance très humide et ventilée. Leurs racines évoluent sur les roches recouvertes de mousses humides.
- **Climat :** Tempéré, tempéré chaud.

▲ le *Phragmipedium besseae*, sans conteste l'une des plus belles espèces du genre.

CONDITIONS PARTICULIÈRES DE CULTURE

- **Température :** 16 à 28 °C le jour, 15 à 20 °C la nuit, et un écart jour-nuit de 5 à 8 °C. Le *Phragmipedium besseae* et ses hybrides craignent des températures trop élevées.
- **Lumière :** Ils redoutent le soleil direct, et une lumière trop vive. La plupart d'entre eux, se plaisent près d'une fenêtre exposée à l'est, l'ouest, ou au sud ; une orientation au nord convient au *Phragmipedium besseae*, et à ses hybrides.
- **Eau :** Non calcaire.
- **Arrosages :** Très réguliers, sans jamais laisser

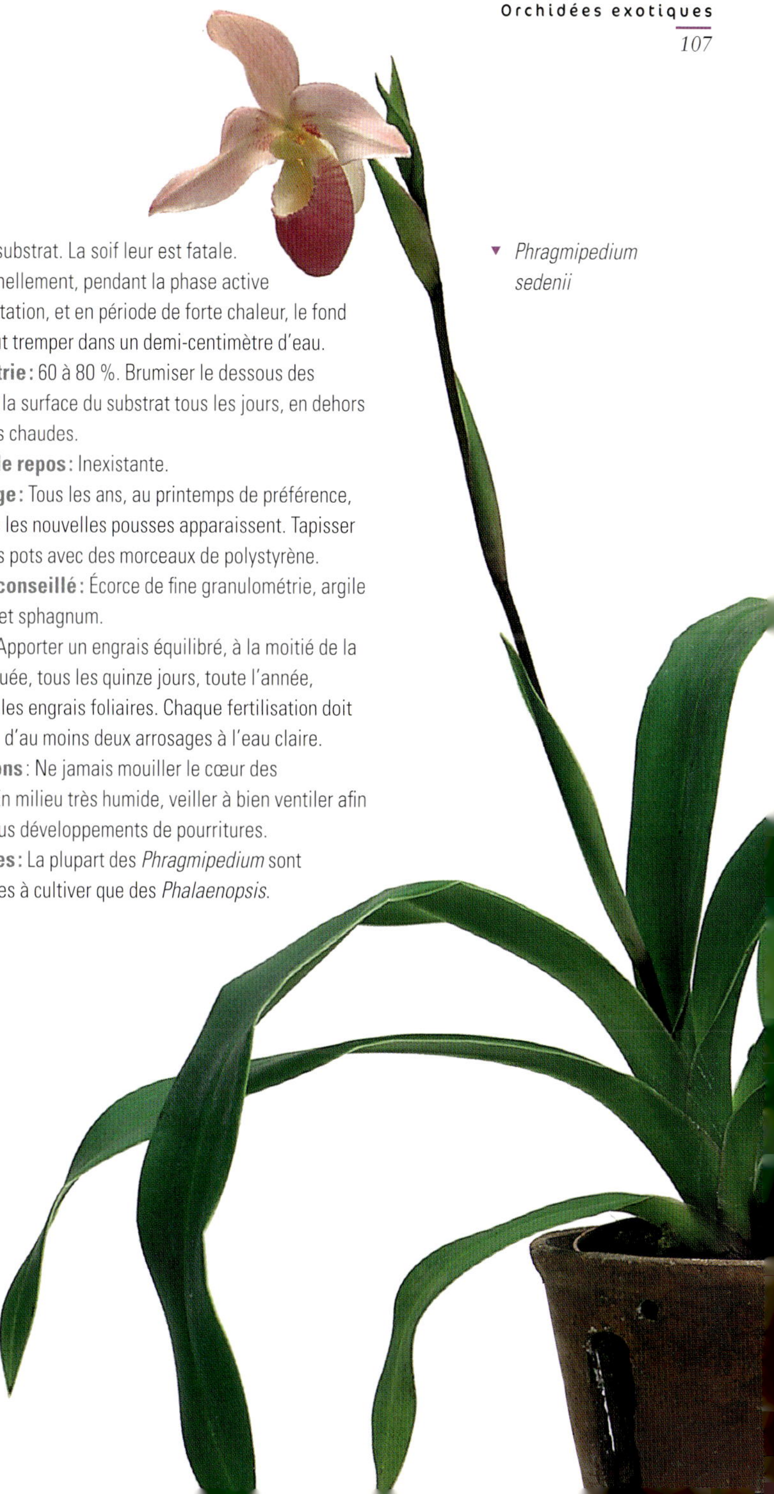

▾ *Phragmipedium sedenii*

sécher le substrat. La soif leur est fatale. Exceptionnellement, pendant la phase active de la végétation, et en période de forte chaleur, le fond du pot peut tremper dans un demi-centimètre d'eau.

- **Hygrométrie :** 60 à 80 %. Brumiser le dessous des feuilles et la surface du substrat tous les jours, en dehors des heures chaudes.
- **Période de repos :** Inexistante.
- **Rempotage :** Tous les ans, au printemps de préférence, ou lorsque les nouvelles pousses apparaissent. Tapisser le fond des pots avec des morceaux de polystyrène.
- **Substrat conseillé :** Écorce de fine granulométrie, argile expansée et sphagnum.
- **Engrais :** Apporter un engrais équilibré, à la moitié de la dose indiquée, tous les quinze jours, toute l'année, en évitant les engrais foliaires. Chaque fertilisation doit être suivie d'au moins deux arrosages à l'eau claire.
- **Précautions** : Ne jamais mouiller le cœur des pousses. En milieu très humide, veiller à bien ventiler afin d'éviter tous développements de pourritures.
- **Remarques :** La plupart des *Phragmipedium* sont aussi faciles à cultiver que des *Phalaenopsis*.

Vanda

Un des rares genres à offrir des fleurs possédant la véritable couleur bleue ! On trouvera également dans ce genre, et ceux qui s'y rattachent une diversité de couleurs surprenante : rose, blanc, jaune, rouge vermillon…

PRÉSENTATION GÉNÉRALE DU GENRE

– **Facilité de culture :** Genre difficile à cultiver en appartement en raison de ses exigences en lumière et en humidité.
– **Période de floraison :** Été, automne.
– **Durée de la floraison :** 2 mois environ.
– **Particularités :** Le *Vanda cœrulea* est l'une des seules orchidées à posséder la véritable couleur bleue. L'espèce est rare, mais il fait l'objet de très nombreux hybrides ayant la même couleur, plus ou moins foncée selon l'autre parent.
– **Origine géographique et vie en milieu naturel :** Le genre compte 30 à 40 espèces épiphytes ou épilithes, dispersées dans toute l'Asie du Sud-Est, la Chine, la Birmanie, l'Himalaya, Ceylan, les Philippines et le nord de l'Australie. Les altitudes auxquelles on les rencontre varient du niveau la mer jusqu'à 1 500 mètres pour certaines espèces.
– **Climat :** Froid, tempéré, chaud.

CONDITIONS PARTICULIÈRES DE CULTURE

– **Températures :** *Vandas* de climat chaud : 18 à 35 °C le jour, 15 à 30 °C la nuit et un écart jour-nuit de 2 à 5 °C. Ceux de climat froid se cultivent bien en milieu tempéré, ou froid. L'écart jour-nuit doit être de 5 à 10 °C.
– **Lumière :** La plus abondante possible, seule une exposition sud convient, avec une protection contre le soleil direct de mars à novembre. Se cultivent en plein soleil l'hiver, ou sous éclairage artificiel.
– **Eau :** Non calcaire et légèrement tiède.
– **Arrosages :** Réguliers et fréquents toute l'année.
– **Période de repos :** Inexistante.

◄ ▲ *Ascocenda* 'Mélodie' x *Vanda* 'Valse bleue', un hybride renommé et apprécié pour la fréquence de ses floraisons.

- **Hygrométrie :** 80 à 90 %. Pulvérisations quotidiennes du dessous des feuilles, et des racines aériennes. Veiller à ce qu'il n'y ait pas de stagnation d'eau au point d'attache des feuilles sur la tige. Bien ventiler en milieu humide.
- **Rempotage :** Tous les deux ans, dans des pots ajourés, ou dans des paniers, afin de faciliter la respiration et le développement des racines. Ne rempoter que lorsque la plante émet une nouvelle couronne de racines.
- **Engrais :** Un engrais équilibré, et foliaire, tous les quinze jours, toute l'année.
- **Substrat conseillé :** Un substrat de grosse granulométrie, à base d'écorce de pin et d'argile expansée, qui permette un excellent drainage.
- **Précautions :** Les *Vandas* à feuilles cylindriques requièrent une culture en plein soleil toute l'année, et ne peuvent être cultivés que dans le sud de la France, ou sous les tropiques.
- **Remarques** : Les heureux possesseurs d'une véranda, ou d'une serre chaude ou tempérée, pourront cultiver ce genre magnifique sans soucis. Les hybrides ayant pour parent proche, le Vanda cœrulea, sont plus faciles de culture, et semblent être cultivables en appartement.
- **Genres ayant la même culture :** *Ascocenda, Renanthera, Aerides, Renanthopsis, Arachnis.*

Vanille

Voici une plante que tout le monde connaît, parfois sans savoir qu'elle appartient à la famille des orchidées... La vanille se développe telle une liane. Une fois fécondées, ses fleurs donnent les précieux fruits.

▸ Jeune *Vanilla fragrans* se développant sur un tuteur recouvert de mousse.

▾ *Vanilla pompona*, fleurs et fruits en formation.

▸ PRÉSENTATION GÉNÉRALE DU GENRE

– **Facilité :** Faciles à faire pousser, difficile à faire fleurir sous nos climats.
– **Période de floraison :** Été, automne.
– **Durée de la floraison :** Quelques heures par fleur.
– **Particularités :** Quelques espèces seulement, produisent les fameux fruits dont nous apprécions tant le parfum et le goût, et qui figurent parmi les épices les plus chères et rares que l'on puisse rencontrer.
– **Origine géographique et vie en milieu naturel :** Il existe environ 114 espèces de vanille réparties en Amérique du Sud, en Asie et en Afrique. Toutes ont en commun une grande différence : elles croissent le long des troncs d'arbres, à la manière d'une liane et fleurissent lorsqu'elles atteignent leur sommet parce qu'elles sont plus près de la lumière ! Elles affectionnent tout particulièrement les forêts chaudes et humides.
– **Climat :** Chaud et humide.

▸ CONDITIONS PARTICULIÈRES DE CULTURE

– **Températures :** 18 à 35 °C le jour, 15 à 30 °C la nuit et un écart jour-nuit de 2 à 3 °C.
– **Lumière :** La vanille aime énormément la lumière, mais craint le soleil direct lorsqu'il est présent entre 11 h et 18 h, du 15 février au 15 novembre. En vue d'augmenter les chances de la voir fleurir, il est indispensable qu'elle soit cultivée devant une fenêtre orientée vers le sud, tout en la protégeant du soleil direct pendant les mois à risques. Un éclairage artificiel, en complément de la lumière naturelle augmente les chances d'obtenir une floraison.

- **Eau :** Non calcaire.
- **Arrosages :** Une à deux fois par semaine selon la taille du pot.
- **Hygrométrie :** 80 à 90 %. La vanille exige un fort taux d'humidité : pour se faire, n'hésitez pas à vaporiser son feuillage et ses nombreuses racines aériennes, une à deux fois par jour (matin et midi), en veillant à ne pas atteindre les jeunes feuilles en formation. En milieu humide, une ventilation est nécessaire afin d'éviter toute apparition de pourritures.
- **Périodes de repos :** Inexistante.
- **Rempotage :** Tous les deux ans, de préférence dans un pot en terre cuite afin de stabiliser la plante.
- **Tuteurage :** Compte tenu de son comportement de liane, et de l'important développement de ses racines aériennes, la vanille doit pouvoir s'accrocher à un support (tuteur recouvert de mousse, treillage, mur, etc.)
- **Substrat conseillé :** Un substrat de fine ou moyenne granulométrie, à base d'écorce de pin et d'argile expansée.
- **Engrais :** Un engrais équilibré, et foliaire, tous les quinze jours, toute l'année.
- **Soins particuliers :** Le bouclage, qui consiste à faire monter et descendre la liane le long de son support, et permet de dompter le développement rapide et parfois envahissant de cette étonnante orchidée.
- **Remarques :** Une vanille est en âge de fleurir, lorsqu'elle atteint 3 ou 4 mètres de long.

Zygopetalum

Si la beauté des fleurs est incontestable, la merveille de leurs parfums est irrésistible ! Le *Zygopetalum* doit son nom à un petit détail du labelle dont la partie basale possède un relief en forme de « joug ».

▸ PRÉSENTATION GÉNÉRALE DU GENRE

– **Facilité de culture :** Facile. Exigences thermiques non compatibles avec une culture en appartement toute l'année.
– **Période de floraison :** Automne, hiver.
– **Durée de la floraison :** Un à deux mois.
– **Particularités :** Fleurs au parfum très agréable, rappelant celui des jacinthes.
– **Origine géographique et vie en milieu naturel :** Ce genre compte 18 espèces, généralement brésiliennes. Elles sont presque toutes terrestres, et vivent à des altitudes modérées.
– **Climat :** Tempéré.

▸ CONDITIONS PARTICULIÈRES DE CULTURE

– **Températures :** 18 à 28 °C le jour ; 13 à 16 °C la nuit, avec un écart jour-nuit de 5 à 8 °C.
– **Lumière :** Ils demandent une lumière abondante, mais craignent le soleil direct. En été, lorsqu'ils séjournent à l'extérieur ils peuvent tenir compagnie au *Cymbidium*. En hiver, ils doivent être placés devant une fenêtre orientée vers le sud.

– **Eau :** Non calcaire.
– **Arrosages :** Réguliers et abondants pendant la phase active de la végétation, les remplacer par de légers bassinages de la surface du substrat lorsque les pseudobulbes sont formés (septembre, et octobre). Les reprendre dès l'apparition des nouvelles pousses.
– **Hygrométrie :** 60 à 65 %. Ne pas vaporiser les feuilles car l'humidité les tache. Des pulvérisations quotidiennes de la surface du substrat sont suffisantes.
– **Période de repos :** Légère en automne.
– **Rempotages** : Tous les deux ans, au printemps. Les *Zygopetalum* ont une croissance rapide, qui nécessite

l'utilisation de pots assez larges qui ne gêne pas le développement de leurs racines.

- **Substrat conseillé :** Un compost de granulométrie moyenne, à base d'écorce de pin, d'argile expansée, de sphagnum ou de tourbe.
- **Engrais :** Équilibré, tous les 15 jours tant que la plante est copieusement arrosée, les supprimer lorsque les arrosages sont remplacés par les bassinages. Ne pas utiliser d'engrais foliaires.
- **Précautions :** Ne jamais mouiller les jeunes pousses.

◂ ▴ *Zygopetalum* 'Perrenoudii', un hybride aux fleurs particulièrement foncées, et très parfumées. Il requiert des écarts de tempé-ratures jour-nuit.

Les parasites et les maladies

Malheureusement, les orchidées, comme tout autre végétal, peuvent être atteintes par des maladies, et être des hôtes de choix pour certains parasites animaux. Voyons comment reconnaître ces désordres, et surtout comment lutter contre eux. Notez qu'il n'existe pas de produits de traitement spécifiques aux orchidées et que, dans tous les cas, il faut éviter d'utiliser des produits aérosols.

Les ravageurs et leur éradication

LES ACARIENS ROUGES OU JAUNES (tétranyques tisserands)

Ils attaquent l'envers des feuilles, ont un amour fou pour les orchidées qui ont des feuilles fines (*Cymbidium*, *Lycaste*, etc.), et sévissent en particulier lorsque l'atmosphère est trop sèche, car ils ont horreur de l'eau ! Contrairement à ce que l'on pourrait imaginer, ils ne colorent pas les feuilles de rouge, mais leur donnent un aspect gris argenté, sous l'envers des feuilles, puis sur l'endroit lorsque l'attaque est importante.

Traitement : Si le maintien d'une atmosphère humide éloigne les tétranyques, il n'en reste pas moins évident qu'une attaque doit être combattue. Soit par une lutte biologique (lâcher d'acariens auxiliaires *Neoseiulus californicus ou Phytoseiulus persimilis),* soit par un traitement chimique avec un produit anti-acariens autorisé au jardin (suivre les préconisations d'emploi indiquées sur l'emballage).

Acariose sur feuillage d'orchidée.

LES COCHENILLES

Cochenilles farineuses

Elles se reconnaissent aux petites masses cotonneuses blanches qu'elles portent sur leur dos, et qui donnent l'impression que la plante a été saupoudrée de farine. Elles ont le don de se cacher partout où on les voit difficilement : aux points d'attache des feuilles sur la tige, entre le pseudobulbe et la gaine qui le recouvre, dans les replis des feuilles, etc. Et malheureusement, elles ne se voient que lorsque la plante est réellement infestée, et qu'elle commence à montrer des faiblesses.

Cochenilles farineuses sur feuille d'*Angraecum*.

Cochenilles à carapaces

Contrairement à l'espèce précédente, elles ont l'aspect d'une coque marron, ou gris clair qui adhère aux feuilles. Elles ont également une fâcheuse tendance à préférer l'envers des feuilles, que l'on ne pense pas toujours à contrôler.

Traitement: On conseille souvent de retirer les cochenilles une à une, à l'aide d'un coton-tige imbibé d'alcool à brûler. Cette solution est assez peu efficace, et suppose que l'on soit très patient, et en permanence à l'affût de la « petite bête ». Il est préférable d'agir très sérieusement en isolant la ou les plantes infestées, et en réalisant une lutte spécifique. Soit biologique, en effectuant un lâcher de coccinelles *Cryptolaemus montrouzieri*, prédatrices de cochenilles farineuses ou de chrysopes s'attaquant à toutes les espèces indésirables. Soit chimique, en réalisant une pulvérisation d'un produit anti-cochenilles autorisé au jardin (huile minérale paraffinique associée ou non à du thiachlopride, à action systémique, ou de la bifenthrine, à action par contact). Faire un premier traitement puis renouveler 8 à 10 jours après. Les cochenilles sont excessivement dangereuses pour les orchidées, et mettent leur vie en danger.

LES ESCARGOTS ET LIMACES

Ils se régalent des racines aériennes, des feuilles tendres, et des fleurs. Ils investissent souvent la plante lorsqu'elle séjourne à l'extérieur, et profitent de son retour à l'intérieur, pour coloniser les plantes voisines. Les dégâts qu'ils occasionnent sont considérables : ce sont de véritables gloutons qu'il faut supprimer.

Traitement: Saupoudrer la plante avec un anti-limaces, en préférant un produit bio, le phosphate ferrique, d'origine minérale, sans danger pour les animaux domestiques.

LES FOURMIS

Elles sont d'excellents "indics" ! En effet, elles sont attirées par les sécrétions sucrées (miellat) émises par les cochenilles ou les pucerons. Leur présence doit être considérée comme un signal d'alarme, et solliciter toute votre méfiance.

Traitement: Supprimer la cause de leur présence.

LES MYRIAPODES

Ce sont de petits animaux invertébrés différents des insectes, possédant une multitude de pattes. Ils colonisent les substrats organiques, ou trop souvent détrempés. Sans danger lorsqu'ils sont peu nombreux, ils peuvent ronger les racines des jeunes orchidées et favoriser des pourritures secondaires.

Traitement: Le seul remède efficace est le rempotage immédiat de la plante. Aucun traitement chimique n'est autorisé pour les jardiniers amateurs.

Pucerons sur *Paphiopedilum*.

LES PUCERONS

Ils s'attaquent à tous ce qui est tendre : les boutons floraux, les jeunes pousses, et ont une attirance particulière pour les fleurs jaunes. Ils mesurent 1 mm à 6 mm de long, sont blancs lorsqu'ils sont jeunes, et verts quand ils sont adultes. Ils se nourrissent des sucs de la plante, de leur sève. Comme tout insecte piqueur, ils sont potentiellement vecteurs de maladies. Ils ne mettent pas vraiment la vie de la plante en péril, mais peuvent finir par l'épuiser.

Traitement: Lorsque les pucerons sont sur les fleurs, ou sur les boutons, il est difficile de traiter avec un insecticide sans risquer de faire avorter la floraison. Un simple passage sous l'eau, suffit à les faire tomber. Lorsqu'ils attaquent les feuilles, pulvériser un insecticide, soit bio (pyréthrine), soit chimique (nombreux produits "autorisés au jardin"). Dans les deux cas, évitez les traitements sous forme d'aérosols.

PRÉCAUTIONS À PRENDRE LORS DE L'UTILISATION DE PRODUITS INSECTICIDES OU FONGICIDES :

- **Les insecticides et fongicides employés pour traiter les orchidées sont les mêmes que ceux utilisés pour les autres végétaux**. Ils se vendent dans toutes les jardineries, et chez tous les professionnels spécialisés. Le dosage à utiliser, est celui formulé sur l'emballage, à la dose la plus faible.
- **Éviter les insecticides commercialisés sous forme d'aérosols**, mais préférer ceux à utiliser en pulvérisation. Traiter avec toutes les précautions liées à l'emploi de produits toxiques : se protéger les mains et les yeux, porter un masque, placer les plantes dans une pièce isolée, et inaccessible aux enfants ou aux animaux familiers. Traiter le matin tôt, sur plante sèche, et attendre deux jours avant d'arroser.

Les maladies et leurs traitements

LE BOTRYTIS (Pourriture grise)

Lorsque le taux d'humidité est élevé, la température trop basse et la ventilation insuffisante, ce champignon microscopique couvre les tissus malades d'une poussière grise et parsème les fleurs de taches brunes.

Traitement: Aérer, chauffer la serre ou véranda en cas de baisse des températures et de condensation. Couper les organes atteints, puis pulvériser un fongicide à base de pyriméthanil ou cyprodinyl + fludioxonil.

LES POURRITURES BACTÉRIENNES

Causées par des bactéries, les plus fréquemment rencontrées chez les orchidées, sont les *Erwinia* et *Pseudomonas*. Les infections apparaissent sur les feuilles, sous la forme d'une tache molle, remplie d'un liquide vert foncé, devenant progressivement brun. À terme, la totalité de la plante est atteinte, et sa mort inéluctable.

Traitement: Avant tout, il faut couper la partie infectée avec une lame stérile, isoler la plante, et se désinfecter les mains après l'avoir touchée, afin de ne pas propager la maladie. Ensuite, il faut appliquer sur la partie coupée un produit à base de sulfate de cuivre, et veiller à ne pas mouiller les feuilles, tant que l'infection n'est pas résorbée.

Pourriture bactérienne (bactériose) sur *Phalaenopsis*.

LA POURRITURE NOIRE

À l'inverse de la maladie précédente, il s'agit d'une infection fongique (champignons du type *Phytophthora)*, qui atteint les feuilles et les pseudobulbes. Elle est courante chez les *Cattleya*, et est souvent favorisée par un excès d'humidité, un manque de ventilation, et des excès d'arrosages. Elle se caractérise par l'apparition de taches noires sur les feuilles, et les pseudobulbes, qui gagnent la totalité de la plante.

Traitement: Dès l'apparition de la tache, supprimer la partie malade avec une lame stérile, et appliquer un fongicide à base de mancozèbe + méfénoxam. Maintenir la plante à l'écart des autres, dans un lieu ventilé, et à 20 °C. Stériliser l'outil à la flamme après utilisation.

LA POURRITURE DES RACINES

Causée par des champignons du type *Pythium*, ou *Phytophthora*, elle atteint les racines lorsque la plante est trop arrosée, et gagne la totalité de la plante en remontant dans les pseudobulbes et les feuilles qui prennent alors une coloration noire. Cette infection fongique est courante chez les orchidées à pseudobulbes.

Traitement: Dépoter la plante, couper la partie atteinte avec un outil stérile, faire un trempage des racines dans une solution fongicide à base de mancozèbe + thiaméthoxam et laisser sécher une journée avant de rempoter.

Questions Réponses

Les orchidées fleurissent-elles tous les ans ?

Contrairement à certaines idées reçues, les orchidées fleurissent tous les ans, quelles qu'elles soient ; parfois deux fois par an (cas des *Phalaenopsis* par exemple). Il existe également des hybrides, ou des espèces dont les fleurs s'épanouissent successivement, offrant ainsi des floraisons de 8 à 9 mois (*Psychopsis*, certains *Paphiopedilum* et *Phragmipedium*)

Quelle est la durée de floraison d'une orchidée ?

Elle varie de quelques heures à plusieurs mois. Les Phalaenopsis sont les détenteurs du record en matière de durée (2 à 3 mois) et la plupart des orchidées couramment commercialisées ont une durée de floraison qui varie entre 1 et 3 mois.

Quelle est la longévité d'une plante d'orchidée ?

Une orchidée peut vivre de nombreuses années. Certains amateurs possèdent des plantes âgées de 20 ans et beaucoup plus !

Est-il normal que les feuilles d'une orchidée deviennent soudainement molles ?

Non. Ce symptôme, indique que la plante est en train de se déshydrater. Deux causes diamétralement opposées expliquent ce phénomène :

▲ *Vanda tricolor* var. suavis et page précédente, *Psychopsis* 'Butterfly', un hybride entre *Psychopsis papilio* et *Psychopsis sanderae*, qui fleurit toute l'année.

▸ LE MANQUE D'ARROSAGE ET D'HUMIDITÉ

Cette cause logique, et facile à comprendre, est la moins grave. Une reprise du bon rythme des arrosages, et une augmentation du taux d'hygrométrie autour de la plante suffiront à lui redonner peu à peu sa vigueur initiale.

▸ L'EXCÈS D'ARROSAGE

Voyons comment, aussi étonnant que cela puisse paraître, un excès d'eau entraîne une déshydratation : lorsque les arrosages sont trop rapprochés, la plante n'a pas le temps de consommer l'eau, les racines pourrissent, et l'orchidée qui ne peut plus boire, finit par se déshydrater. Cet incident de culture est le plus difficile à rattraper. Seule l'apparition de nouvelles racines peut la sauver. Pour provoquer le démarrage d'une couronne de nouvelles racines vous pouvez avoir recours à une technique couramment pratiquée qui consiste à placer la plante dans un sac plastique transparent, sur un lit de sphagum humide, et à maintenir le sac constamment gonflé en soufflant dedans régulièrement. Cette méthode est souvent efficace, et il n'est pas rare de voir apparaître de nouvelles racines au bout de quelques semaines, moment précis où il faudra rempoter la plante dans un pot de très petit diamètre, en utilisant un substrat de fine granulométrie additionné de sphagnum. Les arrosages ne pourront être repris que lorsque les racines seront nombreuses et bien installées dans le pot, en attendant le substrat devra être maintenu légèrement humide, et sa surface quotidiennement vaporisée.

Pourquoi les boutons floraux jaunissent-ils ?

Plusieurs choses peuvent occasionner le jaunissement et la chute des boutons floraux :
- Un écart de température trop important.
- Une baisse excessive de la luminosité.
- Un courant d'air froid.
- Un changement de position de la plante par rapport à sa principale source de lumière.
- Un manque d'humidité.
- Une application d'insecticide sur les boutons.
- Un manque d'arrosage.

Les orchidées sont-elles parfumées ?

« Seraient-elles trop belles, pour en plus avoir l'audace d'être parfumées ? ». Et bien non, de nombreuses orchidées, osent exhaler un parfum, ou parfois une odeur, pour charmer l'insecte pollinisateur et l'attirer. La diversité des parfums est extraordinaire. Cette caractéristique encore peu connue tend à devenir un thème de collection très en vogue.

▸ *Phalaenopsis schilleriana* une charmante espèce très florifère aux fleurs parfumées l'après midi. Son feuillage tesselé constitue une autre originalité.

Faut-il couper la hampe florale après la floraison ?

Il est recommandé de couper la hampe florale à sa base, dès la fin de la floraison. Toutefois, un certain discernement est à observer pour certaines orchidées :
- Pour la plupart des *Phalaenopsis*, il convient de couper l'inflorescence au-dessus du deuxième, ou du troisième nœud en partant de la base de celle-ci, car dans 80 % des cas, une hampe florale redémarre depuis cet œil supérieur restant.
- Pour les orchidées à floraison successive (*Psychopsis*, certains *Paphiopedilum*...), l'inflorescence ne doit être coupée que si celle-ci se dessèche.

Est-il indispensable de diviser une orchidée qui possède de nombreux pseudobulbes ?

La division présente un caractère obligatoire lorsque la plante devient trop imposante de par sa taille, ou bien lorsque l'on est en présence d'une orchidée possédant de nombreux vieux pseudobulbes placés en son centre, qui ne peuvent être accessibles que si celle-ci est divisée.

Peut-on pratiquer les rempotages en toutes saisons ?

Les rempotages doivent être effectués bien avant, ou juste après la période de floraison. L'activité végétative des végétaux étant toujours ralentie pendant les mois d'hiver, il faut éviter cette saison pour rempoter (sauf cas de force majeure), et préférer le printemps, ou le début de l'été.

Combien de temps, et dans quelles conditions, une orchidée peut-elle rester sans soins ?

Cette question est fréquemment posée lorsque le temps des vacances arrive. Si le pot n'est pas trop petit, votre orchidée pourra demeurer sans arrosages pendant 10 jours à 15 jours, à condition qu'elle soit placée dans une pièce lumineuse, et protégée des excès de température en été. Au-delà de 15 jours, le risque de déshydratation est élevé, et une « pension » chez des amis, ou des spécialistes

▲ *Encyclia pentotis*, ses grandes fleurs étoilées dégagent un parfum très puissant. Il se cultive en milieu chaud, ou tempéré et requiert une bonne luminosité.

de l'orchidée s'impose. Cependant, il est conseillé de bien expliquer le rythme des arrosages à respecter, à la personne qui aura la garde de vos orchidées en votre absence ; car bien souvent, les gens pensent s'occuper à merveille de la plante en l'arrosant abondamment le plus souvent possible, et le résultat est vite catastrophique !

Y a-t-il une incompatibilité entre les orchidées et les autres végétaux ?

Non, il n'existe pas d'incompatibilité connue entre les orchidées, et d'autres végétaux. À partir du moment où les conditions de culture requises sont les mêmes, les orchidées peuvent être cultivées avec d'autres plantes (par exemple les *Tillandsia*).

L'eau déminéralisée ou distillée est-elle favorable aux orchidées ?

Non, car leur pauvreté en éléments minéraux entraîne rapidement des carences graves.

L'apport d'engrais est-il réellement nécessaire ?

L'engrais est indispensable à la croissance et à la floraison de vos orchidées car les substrats utilisés pour leur culture, n'apportent qu'une infime partie des éléments nutritifs qui leur sont nécessaires.

Faut-il couper les racines qui ressortent du pot ?

Cette question peut paraître surprenante, pourtant elle est fréquemment posée, en particulier, par les personnes qui ignorent que la plupart des orchidées émettent énormément de racines aériennes, et qu'elles ont une tendance naturelle à ressortir du pot, pour aller capter l'humidité de l'air. Sauf à l'occasion d'un rempotage, il ne faut jamais couper ces racines, mais au contraire les laisser se développer, les protéger, et les observer afin d'évaluer la santé de la plante.

La taille, et la couleur des fleurs varient-elles d'une floraison à l'autre ?

En principe, la taille et la couleur des fleurs ne varient pas d'une floraison à l'autre. Néanmoins, un rempotage pratiqué peu de temps avant la floraison, ou le mauvais état végétatif de la plante peuvent altérer la qualité des fleurs sur le plan de la forme.
Une jeune orchidée qui fleurit pour la première fois présente rarement des fleurs de très bonne qualité, il convient d'attendre une seconde floraison pour obtenir une floraison de bonne qualité.

Peut-on cultiver plusieurs orchidées de genres différents dans un même pot ?

Cette pratique n'est pas recommandée, car deux genres d'orchidées peuvent avoir des exigences sur le plan de la culture, et des comportements végétatifs diamétralement opposés.

La culture des orchidées en pot de plastique est-elle une obligation ?

Non, le pot en plastique peut être remplacé par un pot en terre, lequel est même recommandé pour la culture de certaines orchidées plus sensibles que d'autres aux excès d'arrosages, et à la pourriture des racines (*Cattleya, Oncidium*...).

Index

Index des fiches de culture par genre, en gras les fiches principales.

CRÉDITS PHOTOGRAPHIQUES

Marcel Lecoufle : pp. 6, 7, 8, 9, 10, 11, 12g, 13, 14, 16, 18, 21, 29, 35d, 37h, 37b, 40, 43g, 43d, 45g, 45d, 49, 58, 68, 73, 74, 80, 82g, 82d, 84, 86, 87, 88, 89, 90, 92h, 92b, 94, 96, 110, 112, 120, 121, 123, 124.

Philippe Ferret : 12c, 12d, 23, 24, 30, 35g, 42g, 42d, 44g, 44d, 57, 59, 60, 61, 66, 67, 70, 76, 77, 78, 85, 93, 95, 98, 99, 103, 105, 106, 107, 108, 109, 111, 113.

Franck Boucourt : 1ère de couv. (*Laelia anceps*), 4e de couv., pp. 5, 15, 39, 41, 47, 51, 52, 54, 62, 63, 64, 65, 71, 72, 81, 100, 101, 102, 104h, 104b, 114-115, 127.

MAP/N. et P. Mioulane : p. 19.
MAP/A. Descat : pp. 69 et 97 (coll. Vacherot-Lecoufle), 116, 117, 118, 119.

Bios : p. 17 (Juan Carlos Muñoz).

Garden Picture Library : Pernilla Bergdahl : pp. 2, 56 / Flora Press : pp. 75, 79 / Moris Cunningham Linney : p. 83 / Linda Burgess : p. 91.

ILLUSTRATIONS

Ernst Halwaß et Bruno Conquet

MIXTE
Papier issu de sources responsables
FSC® C015829
www.fsc.org

ISBN 978-2-84138-358-0

8 rue Blanche, 75009 Paris
Tél. : 01 48 05 03 03 / Fax : 01 48 05 02 04
www.editions-ulmer.fr
Impression : Printer, Trento
Dépôt légal : 2e trimestre 2009
Imprimé en Italie

N° d'édition : 358-04